우리들

윤가은 오리지널 각본

디앤씨책방

차 례

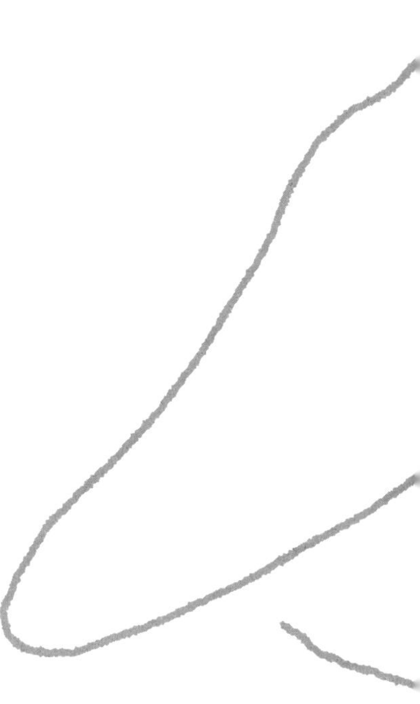

THE WORLD OF US

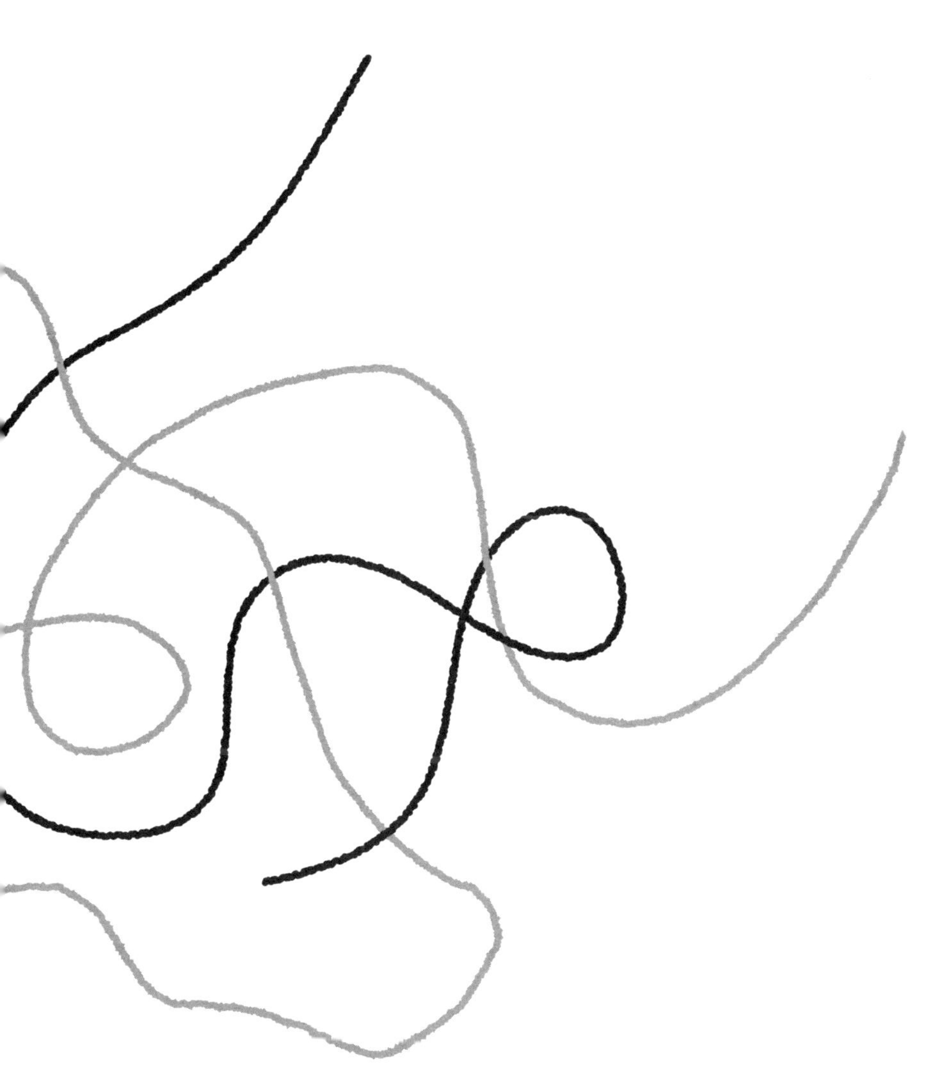

우 리 들

등장인물

선	11세. 여자. 초등학교 4학년.
지아	11세. 여자. 초등학교 4학년. 전학생.
보라	11세. 여자. 초등학교 4학년.
은주	11세. 여자. 초등학교 4학년.
태연	11세. 여자. 초등학교 4학년.

엄마	30대 후반. 선의 엄마. 동네 분식집 운영.
아빠	30대 후반. 선의 아빠. 공장에서 근무.
윤	7세. 선의 남동생.
지아 할머니	60대. 지아의 친할머니.

담임	30대. 남자. 선의 담임선생.
연호	7세. 남자. 윤의 어린이집 친구.
학원 원장	30대. 남자. 영어 학원 운영.
간호사	20대. 여자. 요양 병원 간호사.
문방구 주인	50대. 남자. 문방구 주인.
지아 아빠	30대 후반. 회사원.
아가씨	20대 후반. 지아 아빠의 여자친구. 회사원.

외 다수

우리들

블랙 화면. 체육 시간. 아이들이 가위바위보를 해서 팀원을 한 명씩 정하는 소리가 들려온다. 누가 이기고 지느냐에 따라 탄성과 환호가 이어지고 그 사이사이, 장난스러운 비명과 명랑하고 유쾌한 웃음소리들이 함께 들려온다.

화면 서서히 밝아지면, 운동장 한구석에 반 아이들과 함께 서 있는 **선(11세, 여)**의 얼굴이 화면에 가득 차오른다. 앳되고 천진한 인상의 선. 편이 갈리며 신나서 환호성을 지르거나 실망하는 아이들을 흥미진진하게 바라본다. 담임도 옆에서 추임새를 넣으며 웃는다. 그런데 아이들이 양 팀으로 갈리는 동안, 선의 표정이 서서히 변한다. 처음엔 마냥 해맑게 웃으며 아이들을 살피던 선은 주변 아이들이 사라질수록 눈치를 보며 손톱을 깨물기 시작한다. 어느새 모든 아이들이 양 팀으로 갈리고 혼자 남은 선. 민망한 선은 애써 웃어 보이지만 잔뜩 쫄아 있다. 마지막으로 가위바위보를 하는 양 팀의 주장. 이긴 쪽 주장인 **보라(11세, 여)**가 환호성을 지르자 선이 조금 안심하며 가까이 간다. 그런데 보라가 선을 보더니 "이선이야? 쟤 되게 못하는데……" 하며, 상대편 주장인 **은주(11세, 여)**에게 "야, 그냥 니네가 데려가면 안 돼?" 하고 장난을 친다. 보라의 말에 뜨끔하는 선. 아이들이 피구를 하기 위해 운동장 중

앞으로 이동하는 사이, 선은 계속 보라와 팀원의 눈치를 본다. 애써 멋쩍게 웃으며 조심스레 뒤따르는 선.

(시간 경과)

피구를 하는 아이들. 선도 아이들 사이에 끼어 같이 공을 피하고 있다. 즐거워 보이는 아이들 속, 선도 애써 웃고는 있지만, 굼뜨고 느린 선은 아무래도 계속 눈치가 보인다. 선은 뒷걸음질 치다가 실수로 뒤쪽 아이의 신발을 밟아 사과하기도 하고, 선이 피하는 바람에 공을 맞았다며 투덜거리는 아이 때문에 기가 죽기도 한다. 계속 쫄리는 선. 그러다 한 공격수 아이가 "이선, 너 금 밟았어. 나가~" 하고 외친다. 당황한 선은 아니라고 소극적으로 변명해보지만, 공격수 아이들이 몇 명 더 붙어 적극적으로 나가라고 하니 점점 할 말을 잃는다. 도움을 청하는 눈빛으로 같은 팀 아이들을 쳐다보는 선. 하지만 아이들은 별 관심이 없다. 우물쭈물하는 선 때문에 잠시 게임이 지연되자, 공을 들고 공격하려던 보라는 방해가 된다고 느꼈는지 "그냥 나가~" 하고 가볍게 말한다. 결국 아웃을 인정하고 나가는 선. 밖으로 나가 공격 대열에 서자마자 다시 게임이 이어진다. 즐겁게 노는 아이들을 물끄러미 바라보는 선. 흥미도 떨어지고, 조금 상처도 입었지만, 괜찮은 척 덤덤한 표정을 지으려 애를 쓴다.

2.   **초등학교, 교실 — 오후/내부**

쉬는 시간. 시끌벅적 뛰노는 아이들 사이, 선만 혼자 앉아 그림을 그리고 있다. **보라**(11세, 여)와 **은주**(11세, 여), **태연**(11세, 여)은 근처에서 생일 초대장을 함께 만들며 즐거워한다. 시원시원하고 유쾌한 대장 격의 보라를 따라 웃고 떠드는 아이들. 선은 그림을 그리다 말고 서로 매니큐어 색을 맞춰 칠한 아이들의 분주한 손과 상기된 얼굴에 자꾸 시선이 간다. 아이들은 잔뜩 신나 보라의 생일날 계획을 세우고 있다. 보라 손톱에 사인펜으로 칠해주는 은주.

은주   이렇게 칠하니깐 진짜 매니큐어 같은데. 그치?

태연   오, 진짜 좀 비슷한데? 나 좀 해줘 봐봐. 난 빨간색으로.

보라   (빵 터진다) 아 뭐야, 유치하게~ 하지 마, 좀~

은주   보라야, 네 생일 선물 그냥 사인펜 해줄까? 매니큐어 말고? 거의 똑같네, 뭐.

보라   됐거든. 그럼 넌 오지 마!

태연   (웃는다) 보라야, 나는? 난 버리지 마. 나는, 네 생일을 축하해주기 위해 태어났잖니.

보라   됐고! 암튼 생파 하고, 노래방 갔다가, 방방 타러 가자! 간 지 진짜 오래됐어.

은주   헐, 완전 좋아! 근데 초대한 애들 다 같이 갈 거야? 너무 많지 않아?

태연	진짜. 거기 좀 작은데…… 방방 찢어지겠다!
은주	(뭔가 생각났다) 헐, 야! 우리 그날 청소야!
보라	진짜? 뭐야, 짜증 나. 생일날 청소하는 거 진짜 싫은데.
태연	뭐야, 부정 탔나 봐~

수다 떠는 아이들을 부러운 듯 바라보는 선. 그러다 선은 문득 보라 무리가 바닥에 흘린 초대장을 발견한다. 고민하는 선. 슬쩍 일어나 초대장을 줍더니 보라에게 다가간다.

선	(초대장을 건네며) 보라야…… 이거 떨어졌는데…….
보라	(떨떠름하다) 아…….
선	……근데 너 생일 파티 해?
보라	(당황) 아…… 뭐 그냥…….
선	아…… 언제……?
보라	(말 끊고) 암튼 고마워. (무리를 향해) 아, 그럼 어떡해, 청소~
은주	몰라. 나 청소하면 집에 갔다 갈 시간 안 되는데. 그럼 준비 어떡해.
태연	나도. 집에서 옷 갈아입고 가려고 했는데!

보라가 무리를 향해 고개를 돌리자 민망해진 선. 잠시 우물쭈물하며 기다리다 이내 뻘쭘해져서 천천히 자리로 돌아간다. 그런데 그때, 갑자기 보라가 선을 돌아본다.

우리들

보라	······야! 이선!
선	(놀라 돌아본다) ······응?
보라	너 내일 뭐 해?

자신을 부르는 소리에 돌아보는 선. 보라가 선을 보며 새
침한 미소를 짓고 있다.

3.　　선의 집 — 밤/내부

남매의 방. 거실에선 엄마와 아빠가 도란도란 이야기 나
누는 소리가 들려온다. 선의 책상엔 "선물은 필수(5000원
이상ㅋㅋ)"라고 적힌 보라의 생일 초대장이 놓여 있다. 선은
알록달록한 실들을 꼬아 실팔찌를 만들고 있다. 동생 **윤
(7세, 남)**은 한창 꿈나라다.

아빠	······근데 어디서 이렇게 많이 시켰어?
엄마	신 권사님이지 뭐. 교회분들하고 다 같이 봉사 가신다고.
아빠	봉사 좋지. 자주 좀 가시면 좋겠네.
엄마	당신 휴가는? 미리미리 잡아놔. 선이 낼부터 방학인데.
아빠	아······ 큰일 났네. 한 달 내리 출고 잡혔는데······.
엄마	안 돼~ 애들 바다 가겠다고 얼마나 신났는데!

선은 바다 여행이 취소되었다는 소식에, 열린 문 사이로 슬쩍 거실을 쳐다본다. **엄마**(30대 후반, 여)는 열심히 김밥을 말고 있고, **아빠**(30대 후반, 남)는 도와주는 척하며 김밥을 안주 삼아 소주잔을 기울이고 있다. 엄마가 만 김밥이 벌써 30줄 넘게 쌓였다.

아빠   몰라, 그래도 특비는 좀 올려준다니깐…….

엄마   월급이나 밀리지 말라 그래. (실망했다) 아…… 가는 김에 아버님 병원도 살짝 들를까 했는데…….

아빠   (뜨끔) ……뭔 병원? 거길 왜 가?

엄마   아까 낮에 또 전화 왔어. 많이 힘드신 것 같더만……. 당신 진짜 안 가볼 거야?

아빠   아, 가긴 어딜 가? ……당신도 갈 생각 하지 마!

엄마   알았어. 괜히 나한테 난리야.

다시 투닥거리며 대화하는 엄마 아빠. 선은 고개를 돌리고 다시 팔찌 만들기에 집중한다.

4.   **초등학교, 교실 — 오전/내부**

방학식. 종례 시간. **담임**(30대, 남)은 알찬 방학을 보내야 한다며 유머를 섞어 잔소리를 하고, 아이들은 한껏 들떠 큰 소리로 대답한다. 그 속에서 선도 같이 활짝 웃으며 답한다.

담임	일기랑 독후감은 필수야. 일기는 매일! 독서는 일주일에 두 권씩!
아이들	네~
담임	무조건 역사책 위주야. 만화책 안 되는 거 알지!
아이들	네~ 알아요~
담임	그리고 진로 탐구 보고서, 인터넷에서 긁어 오지 말고. 샘 다 안다. 매의 눈!
아이들	네~ 네~
담임	4학년 여름방학이 제일 중요한 시기야. 다들 알지?
아이들	네~
담임	오늘 청소 누구야?

선이 앞자리의 보라를 슬쩍 쳐다본다. 보라가 손을 번쩍 든다.

보라	(손을 번쩍 들고) 샘! 저희 모둠이에요.
담임	그래! 보라랑 은주랑…… 3모둠 맞지?
보라	네.
담임	오케이! ……야! 너희 방학한다고 대충대충 하지 말고! 샘 없을지 모르니깐 2반 샘한테 허락 맡고 가야 된다. 보

라 책임져서 잘 마무리하고. 오케이?

보라   네!

담임   조용조용! 니네 그리고 참, 그 가정통신문 제일 밑에 보면, 여름철 주의 사항 있어. 다 안다고 그냥 지나치지 말고 꼭 읽어. 꼭 어디 물놀이 가고 여행 갔다가 혼자 막 다치고 그러는 친구들 있어! 다들 조심해라.

담임의 종례가 계속된다. 문득 뒤돌아 선을 쳐다보는 보라. 보라는 눈을 크게 뜨며 '알았지?' 하는 듯한 신호를 보내고, 선은 귀엽게 웃으며 '오케이' 신호를 보낸다. 담임의 잔소리는 계속되고, 선은 기대에 들떠 즐거워 보인다.

5.   **초등학교, 교실/복도 ― 오전/내부**

혼자 빈 교실을 청소하는 선. 힘은 들지만 보라의 생일 파티에 갈 생각에 잔뜩 들떴다. 바닥을 대걸레로 밀고, 사물함 위를 치우고, 책상 위도 걸레로 열심히 닦는다.

(시간 경과)

복도. 화장실에서 걸레를 빨아 들고 오던 선은 문득 복도 쪽 창문에 붙어 교실을 들여다보고 있는 소녀를 발견한다. 책가방을 멘 소녀는 큰 헤드폰을 끼고 목걸이 줄을 매

우리들

만지며 선의 교실을 둘러보고 있다. 의아한 선은 조심스
레 소녀가 서 있는 곳으로 다가가지만, 소녀는 음악을 듣
는지 선의 발걸음을 알아채지 못한다. 소녀가 선 창문 옆
에 나란히 서는 선. 소녀가 무엇을 보는지 같이 살펴본다.
교실을 둘러보던 소녀는 그제야 선을 보고 움찔 놀란다.
선도 놀라 소녀를 빤히 바라본다. 서글서글하고 묘한 인
상의 소녀는 바로 **지아**(11세, 여)다.

선   뭐 봐……?

지아   어? (안 들려서 헤드폰을 벗는다)

선   아니, 여기 우리 반인데……. 뭐 찾아?

지아   아…… 너 3반이야?

선   응. 너는?

지아   아…… 나도 이제 3반인데…….

선   ……어?

지아   아…… 나 오늘 전학 왔는데…….

그때, 복도 끝에서 한 **선생**(20대, 여)이 지아를 부른다.

선생   얘, 전학생! 거기서 뭐 해? 한참 찾았다! 얼른 와!

지아   아, 네……!

대답을 하며 달려가는 지아. 복도 끝 선생을 향해 뛰어간

다. 멀어지는 지아를 바라보는 선. 망설이던 선은 어디서
용기가 생겼는지, 지아를 부른다.

선   저기⋯⋯! 근데 너 이름이 뭐야?

지아   (놀라서 돌아본다) 어? ⋯⋯나 한지아!

선   (혼잣말하듯) 아, 한지아⋯⋯.

지아   (망설이다) ⋯⋯넌 이름이 뭐야?

선   나? ⋯⋯이선! (슬쩍 손을 들어 인사한다) 안녕⋯⋯!

지아도 선을 따라 인사하고는 다시 복도 끝으로 달려간
다. 멀리 사라지는 지아를 호기심 있게, 또 기분 좋게 바라
보는 선.

6.   **보라의 아파트, 복도 — 오후/내부**

복도식 아파트. 현관문 앞. 선이 보라의 생일 초대장을 들
고 초인종을 띵동 누른다. 기다리는 동안, 문득 책가방을
열어 실팔찌를 포장한 투명 봉투를 꺼내는 선. 선물을 보
자 선은 다시 기대감에 들뜬다. 그런데 아무리 기다려도
응답이 없다. 초대장 주소와 호수가 맞는지 확인하는 선.
다시 초인종을 눌러보지만, 역시 아무런 반응도 없다. 선
은 연달아 몇 번 초인종을 누르다, 조심스레 보라를 불러

보기도 한다.

선　　　　　저기요……! 보라야……!

문득 불길한 예감에 휩싸이는 선. 표정이 어두워진다. 조
심스레 현관문에 귀를 대고 소리를 들어본다. 그때, 갑자
기 문이 열리더니 웬 팬티 바람의 **대학생**(20대, 남)이 나온
다. 깜짝 놀라는 선. 자다 일어난 대학생은 잔뜩 짜증 난
눈으로 선을 노려본다.

대학생　　　……뭔데?
선　　　　　(쫄았다) 네? 아…… 여기 보라네 아니에요……?
대학생　　　(짜증 났다) 뭐야…….

대학생은 문을 쾅 닫고 들어가 버린다. 복도에 황망히 버
려진 선. 이러지도 저러지도 못한 채, 그저 멍하니 서 있
는다. 그제야 어떻게 된 일인지 조금 알 것 같은 얼굴이다.
선은 생일 초대장을 멍하니 바라보다 바닥에 떨구고, 도
망치듯 복도를 달려 나간다.

7. **동네, 삼거리 육교 ― 오후/외부**

터벅터벅 육교를 걸어가는 선. 복받치는 설움에 점점 걷는 속도가 줄어든다. 어느새 더 걷지 못하고 멈춰 서는 선. 고개를 푹 숙인 채, 돌이 된 듯 가만히 서 있는다.

(시간 경과)

육교 난간에 팔을 대고 엎드린 선. 차가 쌩쌩 달리는 차도로 손을 내밀고, 보라에게 주려고 했던 실팔찌를 떨어트릴까 하지만 차마 던져버릴 용기가 나질 않는다. 그때, 육교를 지나던 지아가 우연히 그런 선을 발견한다. 선 옆에 다가가 서는 지아.

지아   이선……!

선   (흠칫 놀란다) 어? 아…… 한지아…….

지아   어? 나 기억해?

선   으응…….

지아   (기분 좋다) 아……. 너 근데 뭐 보고 있었어?

선   아…… 그냥…….

지아   아…… (밑을 내려다보며) 근데 여기 되게 높다. 완전 떨어질 것 같다!

할 말을 찾으며 괜히 육교 아래를 내려다보는 지아. 선이

우리들

그런 지아를 슬쩍 훔쳐본다.

8.　　　　　**시장, 화해길 — 오후/외부**

선과 지아가 골목을 나란히 걸어간다. 서로 슬쩍슬쩍 눈
치를 보며 할 말을 찾는 선과 지아. 선의 손에는 육교에서
버리려고 했던 실팔찌가 아직도 들려 있다.

지아　　　　진짜 고마워…….

선　　　　　아냐…… 뭐가…….

지아　　　　아냐, 진짜. 아까 너 안 만났으면, 나 아마 지금까지 계속
　　　　　　헤매고 있었을 거야.

선　　　　　(슬쩍 웃는다) …….

지아　　　　근데 이 동네는 진짜 길이 너무 복잡하다.

선　　　　　그치…… 나도 어렸을 때 맨날 길 잃어버렸는데…….

지아　　　　아……. 너 계속 여기 살았어?

선　　　　　응.

지아　　　　진짜? 그럼 동네 애들도 다 알겠네? 완전 부럽다…….

선　　　　　(뜨끔) 아냐, 뭐…….

문득 뜨끔한 선은 눈치를 보며 들고 있던 실팔찌를 매만진
다. 지아가 선을 힐끔 본다.

지아   (선의 팔찌를 가리키며) 근데 그건 뭐야?

선   아, 이거…… (자연스럽게 지아에게 건넨다) 그냥 팔찌…….

지아   진짜? (들고 들여다본다) 오, 완전 예쁘다!

선   아냐……. 그냥 내가 만든 건데…….

지아   진짜? 이걸 어떻게 만들어? (선의 팔찌를 보고) 그럼 이것도

        네가 만든 거야?

선   으응. 그냥 진짜 쉬운데…….

지아   야, 너 진짜 장난 아니다!

선   뭐가……. 진짜 아무것도 아닌데…….

지아   왜, 완전 예쁜데! 너 진짜 손재주 장난 아니다!

지아가 선의 팔찌를 들고 살피며 신기해하고, 선은 칭찬에

점점 기분이 좋아진다.

선   그럼…… 너 그거 가질래?

지아   (걸음을 멈춘다) 어?

선   (같이 걸음을 멈춘다) 아니, 그냥…… 너 갖고 싶으면…….

지아   아니야, 괜찮아. 내가 너무 달라고 하는 것처럼 보였지.

선   아냐. 그냥 나는 또 만들 수도 있고, 네가 좋아해주

        니깐…….

지아   (미안하지만 그래도 갖고 싶다) 아니…… 그래도 네 건데…….

선   같은 반 된 기념으로 줄게. 내가 주고 싶어서 그래!

지아   아…… 정말?

우리들

선	응. 네가 하면 더 예쁠 것 같아. 진짜 너 가져!
지아	아…… 진짜 고마워……!
선	아냐, 뭐가! 내가 고맙지.
지아	근데 이거 어떻게 차는 거야?

다시 발걸음을 떼는 두 사람. 선은 지아에게 팔찌를 채워 주며 착용법을 알려주고, 지아는 팔찌를 손목에 채우자 더욱 신나서 난리다. 멀리 사라지는 선과 지아. 둘 사이의 거리가 처음보다 한층 더 가까워졌다.

9.   선의 집 ― 밤/내부

선의 집. 남매의 방. 약통이 펼쳐져 있다. 선이 윤의 뺨에 난 상처에 약을 바르고 반창고를 붙여준다. 장난감을 들고 간지럽다며 헤헤 웃는 윤. 선은 그런 윤이 귀엽기도 하고, 답답하기도 하다.

선	윤아, 이거 또 연호가 그랬지?
윤	(헤헤 웃는다) 응.
선	이게 뭐야, 맨날. 연호한테 손톱 좀 깎으라고 해.
윤	괜찮아~ 하나도 안 아파~
선	뭐가 안 아파. 으이구, 최연호 진짜…….

그때 현관문 여는 소리가 들린다. 윤이 뛰쳐나가 문을 열자, 지친 기색이 역력한 엄마가 들어온다. 얼른 달려가 가방을 받아 드는 선.

윤   (안기며) 엄마! 내가 엄마 이불 깔아놨어!

엄마   오메, 효자 났네!

선   (가방을 받아 들며) 엄마. 연호가 또 윤이 얼굴 긁었어요.

엄마   (윤이 얼굴을 살펴보며) 아이구…… 야, 니네 그거 레슬링 좀 하지 말라니깐!

윤   (헤헤 웃으며 안방으로 뛰어 들어간다) 재밌는데~

엄마   (선에게) ……친구 생일은? 재밌었어? ……누구 생일이었어?

선   아…… (말 돌리며) ……맞다. 아빠 오늘 기숙사서 잔대요. 야작 있다고…….

엄마   또 시작이네. 니네 아빠 피곤해서 어떡하냐.

그런데 그 말을 하는 엄마가 더 피곤해 보인다. 양말만 벗고 그대로 안방으로 직행하는 엄마. 윤도 따라간다. 선은 늘 하는 일인 듯, 엄마 가방에서 반찬통들을 꺼내 냉장고에 넣는다. 흥분해서 지아를 만났던 사건에 대해 조잘조잘 털어놓는다.

선   엄마! 근데 나 오늘 새로운 친구 만났는데요. 걔 이름이

한지아거든요. 근데 걔 오늘 전학 왔는데, 제일 먼저 만난 친구가 저래요! 신기하죠? (뒤돌아보는데 엄마가 부엌에 없다) 엄마! ……엄마?

안방에 다가가는 선. 엄마는 어느새 대자로 뻗어 잠이 들었다. 옆에 누운 윤이 '쉿' 하며 눈치를 준다. 선은 슬그머니 앉아 베개를 엄마 머리에 받쳐주고 옆에 눕는다. 흥분이 가시지 않는 선. 기쁨으로 상기된 얼굴이다.

10.　　　지아의 집 — 오전/내부

창 너머로 넓은 마당이 보이는 거실. 안마 의자와 지압기, 오래된 소품들이 가득한 풍족한 집 안은 누가 보아도 아이가 아니라 노인을 위한 집이다. 지아가 부엌에서 선에게 줄 콜라를 따르는 동안, 선은 거실을 돌아다니며 신기한 듯 구경한다.

지아　　　선아, 미안. 우리 집 좀 재미없지.
선　　　　아냐, 난 재밌는데!
지아　　　아니, 할머니가 게임도 다 치워 놓으셔 가지고…….
선　　　　진짜 괜찮아!
지아　　　아, 오늘따라 왜 이렇게 맛있는 것도 없지…….

거실 장식장의 작은 기독교 관련 장식품들을 살펴보는 선. 부엌에선 지아가 음식을 준비하는 소리가 달그락달그락 들려온다.

(시간 경과)

썰렁한 집 안. 거실 한복판, 마주 보고 앉은 선과 지아. 어른들이 사는 집에 동그마니 내던져진 작은 아이들 같다. 선이 준 실팔찌를 만지작거리는 지아. 선은 거대하고 잘 정돈된 우아한 집 안 분위기에 눌린 듯, 또 부러운 듯 여기저기 살펴본다.

선　　　　……그럼 여기는 원래 할머니 집이야?
지아　　　응. 완전 오래됐지?
선　　　　아닌데? 좋은데!
지아　　　에어컨도 완전 낡았고……. 할머니 취향이 좀 그래서…….
선　　　　아닌데! 난 괜찮은데!

선이 방긋 미소를 짓자, 지아도 안심한 듯 선을 보고 머쓱하게 웃는다.

선　　　　근데 엄마는 어디 가셨어?
지아　　　아…… 일하러.

우리들

선	(공통점에 기쁘다) 와, 우리 엄마돈데! 니네 엄만 무슨 일 하셔?
지아	아…… (눈치 보다) 우리 엄마 외국에 계셔.
선	(놀란다) 외국? 우와! 외국 어디?
지아	아…… 영국.
선	아, 영국! 멋지다……! 그럼 너도 영국 가본 적 있어?
지아	뭐…… 그냥 잠깐.
선	와…… 부럽다…….
지아	(말을 돌린다) 근데 우리 집 좀 심심하지 않아?

호기심 가득한 눈을 반짝이는 지아. 선은 그런 지아를 물끄러미 바라본다.

11.　　동네, 놀이터 — 오후/외부

신나게 뛰어가는 선과 지아. 놀이터에 도착한다.

(시간 경과)

그네에 오른 두 사람. 누가 먼저랄 것도 없이 그네 타기 시합을 벌인다. 둘을 태운 그네가 하늘 높이 오른다.

(시간 경과)

미끄럼틀 안에 마주 보고 앉은 선과 지아. 은밀한 짝사랑 이야기부터 시작해 장래 희망 이야기까지 많은 것을 나눈다. 되고 싶은 것이 많은 지아는 잔뜩 흥분해 떠들고, 선이 그런 지아를 부러운 듯 바라보며 열심히 듣는다. 그런데 그때, 멀리서 보라 무리의 웃음소리가 들려온다. 깜짝 놀라는 선. 멀리 놀이터에 막 놀러 온 보라와 은주, 태연이 보인다. 화도 나지만 부끄럽기도 한 선. 지아가 선을 따라 보라 무리를 힐끗 본다.

지아   ⋯⋯왜? 어디 봐?
선   (당황해 둘러댄다) 아, 아니야! 아무것도!

선의 단도리에 지아도 다시 고개를 돌린다. 선을 빤히 바라보는 지아.

지아   근데, 넌 뭐 하고 싶은 거 없어?
선   아⋯⋯ 난 아직 없는데⋯⋯.
지아   넌⋯⋯ (팔찌를 보며) 이런 거 되게 잘 만드니까, 디자이너 어때?

지아의 칭찬에 왠지 모르게 으쓱하는 선. 어느새 보라 무리에 대해선 잊은 듯하다.

우리들

12.　　　　　　**동네, 트램펄린장 앞 복도 ― 오후/내부**

계단을 오르는 선과 지아. 지아가 선의 손을 이끌고 트램펄린장 안으로 들어가려 한다. 선은 어쩐 일인지 자꾸 주저하며 머뭇거린다. 더욱 적극적으로 이끄는 지아.

지아　　야~ 딱 한 시간만 타자~ 너 방방 탄 지 오래됐다며!

선　　　아…….

지아　　(가게를 들여다보며) 여기 완전 재밌을 것 같은데? 그치?

선　　　(난감하다) 아니, 근데…….

지아　　왜? 너 타기 싫어?

선　　　아니…….

지아　　근데 왜~

선　　　(난감하다) 아…….

지아　　왜? 왜 그러는데?

선　　　(쪼그라드는 목소리) 아니…… 나 이제 돈 없는데…….

창피해서 고개가 절로 숙여지는 선. 지아는 그런 선을 물끄러미 바라보다 씩 웃는다.

지아　　……야! 원래 내가 쏠려고 했거든? (잡아끈다) 가자!

선　　　(놀란다) ……어? 아니, 지아야…….

선을 끌고 안으로 들어가버리는 지아. 선은 어영부영 끌려간다.

(시간 경과)

트램펄린장 안에서 신나게 노는 선과 지아. 선의 얼굴에 환한 미소가 가득하다. 더없이 즐거워 보이는 두 사람. 벌써 많이 친해진 듯 보인다.

13. 선의 집 — 오전/내부

식탁에 늘어놓은 장난감들을 모두 모아 품에 안는 윤. 엄마는 부엌 가스불도 확인하고, 안방에서 짐도 챙기면서 나갈 준비로 분주하다. 선은 윤의 어린이집 가방을 들고 그런 엄마를 쫓아다니며 애걸복걸 조른다.

선 엄마, 진짜 딱 일주일만요. 네?

엄마 안 돼.

선 (아랑곳하지 않고) 엄마~ 제발요~

엄마 안 된다고!

선 딱 일주일만 자게 해주세요. 네?

엄마 아휴, 얘가 진짜 오늘따라 왜 이래.

선 엄마, 안 그러면 지아 자기 할머니 따라서 교회 수련회

가야 된단 말이에요.

엄마   그럼 갔다 오라고 해.

선   아니, 거기 어른들밖에 없어서 재미없대요.

엄마   너도 같이 갔다 올래 그럼?

선   엄마, 제발요. 네?

엄마   그리고 엄마 늦게 오는데 어떻게 너희들끼리 있어. 위험
        해서 안 돼.

선   엄마~

현관에 쭈그리고 앉아 윤의 신발을 신기는 엄마. 선도 엄
마 옆에 쭈그려 앉는다.

선   엄마, 그럼 제가 윤이 잘 돌볼게요! ……숙제도 다 할게
        요!

엄마   숙제야 네가 당연히 하는 거지.

선   그럼 제가 청소도 다 할게요!

엄마   참 나…….

선   ……김밥도 쌀게요!

엄마   야! 김밥을 네가 왜 싸!

어느새 준비가 다 되어 나가기 일보 직전의 엄마. 조조한
선. 다급하다.

선   엄마, 이번에 바다도 못 갔잖아요……!
엄마   ……!

엄마가 벌떡 일어나 선을 쳐다본다. 긴장한 선. 엄마 눈치
를 본다.

14.   동네, 만남길 ― 오후/외부

지아가 언덕길 중간쯤에 서서 선을 기다리고 있다. 멀리
서부터 언덕길을 뛰어올라 지아에게 달려가는 선. 헉헉거
리며 지아 앞에 다다른 선은 숨을 몰아쉬며 엄마가 허락
했다는 소식을 전한다. 기쁨에 취한 지아가 선을 꼭 끌어
안았다가 부끄러운지 도로 빠져나간다. 선도 신나긴 마찬
가지. 둘은 서로 손을 붙잡고 펄쩍펄쩍 뛰며 신나한다.

15.   선의 집, 앞길 ― 오후/내부

선과 지아, 윤이 함께 선의 집으로 향한다. 오르막 경사가
심한 길을 지나 집으로 향하는 세 사람. 윤이 제일 신나서
가장 먼저 집으로 들어간다.

우리들

윤　　　　지아 누나! 빨리 와!

선　　　　윤아! 천천히 가, 넘어져!

잔뜩 신난 윤은 선의 말을 듣지도 않고 먼저 집으로 쏙 들어가버린다. 그 뒤를 선이 뒤따른다. 땀을 흘리며 언덕길을 오르는 지아가 신경 쓰이는 선. 하지만 지아는 생경한 동네 풍경에 넋을 잃고 언덕을 오르고 있다.

선　　　　힘들지……?

지아　　　아니! 괜찮은데!

지아가 애써 괜찮은 척하는 건지, 실제로 재밌어하는 건지 모르겠는 선. 계속 지아를 신경 쓰며 먼저 현관으로 들어선다. 지아도 선을 뒤따라 같이 들어간다.

16.　　선의 집 — 오후/내부

부엌. 선이 지아에게 저녁을 대접하려 소시지를 꺼내고 난리다. 문득 지아를 보는 선. 지아는 집 안 구석구석 녹아 있는 선과 윤의 흔적들(사진들, 그림과 공작들, 오래된 장난감, 창틀에 붙여놓은 스티커 등)을 살펴보고 있다. 자잘한 살림이 빼곡한 비좁은 선네 거실은 지아네 거실과는 확연한

차이가 나고, 부끄러운 선은 괜히 눈치가 보인다.

선   지아야, 우리 집 너무 덥지.
지아   덥긴 뭐가 더워~
선   선풍기 틀어줄까?
지아   괜찮아!

아무 상관 안 한다는 듯 집 안을 둘러보며 기분 좋아하는
지아. 선도 조금 안심한다. 그런데 잠시 후, 지아가 선 옆에
와서 선다. 싱크대를 둘러보다 아빠가 다 마신 소주병을
들어 올리는 지아. 장난스럽게 웃으며 선을 부른다.

지아   이거 뭐야? 우리 오늘 한잔하는 거야?
선   (놀라서 소주병을 뺏는다) 아니, 이거 그냥…… 우리 아빠가
           좀…….
지아   (씩 웃는다) 야, 너 적당히 좀 마셔라. 술 좀 끊고!
선   (같이 웃음이 난다) 알았어.

지아의 농담에 긴장이 풀리는 선. 함께 웃는다. 그때 방에
서 놀던 윤이 같이 놀자며 뛰어나와 지아를 방으로 데리
고 들어간다. 선은 윤에게 귀찮게 굴지 말라는 신호를 주
지만, 지아는 윤과도 즐겁게 놀아준다. 둘을 보고 더욱 안
심이 되는 선.

우리들

(시간 경과)

선이 김치볶음밥을 냄비째 식탁 위에 올려놓는다. 박수
치는 지아와 윤. 선이 앉는다.

선   자, 먹자!

윤   아니, 지아 누나부터 먹어. 누나가 손님이니까!

지아가 어서 한 수저 뜨기를 기다리는 선과 윤. 지아가 기
대에 찬 둘의 얼굴을 보며 한 입 가져다 먹고 행복한 미소
를 짓는다. 불안해하던 선도 그제야 겨우 안도한다. 어느
새 해가 지고 주변이 어둑해졌는데, 선의 집만 불빛이 환
하다. 마치 남매 같은 세 사람의 웃음과 수다가 끊이지 않
는다.

17.   동네, 문방구 — 오후/내부

천천히 문방구 안을 구경하는 선과 지아. 지아는 바구니
에 보드게임이며 놀거리들을 잔뜩 담았는데, 선은 지아
와 달리 소극적으로 구경만 한다. **문방구 주인**(50대, 남)이
파리를 쫓다 선을 알아보고는 툴툴거리며 한마디 한다.

문방구 주인   뭐 사게?

| 선 | 아…… 아니에요, 그냥……. |

조금 쫄아든 선. 지아는 슬쩍 보더니 뒤쪽 진열장으로 가
다른 물건들을 살펴본다. 문득 늘 갖고 싶었던 색연필 세
트를 발견하고 집어 드는 선. 눈이 반짝반짝 빛난다. 조심
스레 만져보는 선. 지아가 다른 보드게임을 들고 왔다가
그런 선을 살피며 옆에 선다.

지아	……뭐야?
선	아, 그냥 색연필…….
지아	살 거야?
선	아니. 못 살 것 같아.
지아	왜?
선	그냥……. 근데 이거 되게 예쁘지?
지아	으응.
선	이거…… 내가 예전에 친구 거 살짝 써봤는데…….

지아는 눈을 반짝이며 설명하는 선이 귀여워 피식 웃음
이 난다. 그런데 그때, 선을 탐탁지 않게 지켜보던 문방구
주인이 지나며 한 소리 한다.

| 문방구 주인 | 얘, 그건 또 왜 자꾸 들었다 놨다야? 살 거야? |
| 선 | 아…… 아니요……. |

우리들

문방구 주인   살 것도 아니면서 왜 맨날 만져 싸. 내려놔!

선   (색연필을 내려놓는다) 네…….

문방구 주인은 혀를 쯧쯧 차더니 투덜대며 다른 칸을 정
리한다. 지아의 앞이라 더욱 창피한 선. 얼른 다른 진열장
으로 이동한다. 뻘쭘해 죽겠는 선.

선   지아야……. 너 뭐 산다고 하지 않았어? 스티커였던
           가…….

괜히 딴청을 피우는 선. 그런데 그때 지아가 "가자!" 하며
선의 뒤를 휙 지나간다. 흠칫 놀라는 선. 선은 우물쭈물
하며 지아의 뒤를 쫓아 나간다.

18.   동네, 언덕길 ― 오후/외부

한참을 뛰어왔는지 헉헉거리며 언덕을 넘어오는 두 사람.
지아가 앞장서서 달리고, 선은 영문 모르고 지아를 쫓아
간다. 땀범벅에 힘이 빠져 비틀거리는 두 사람. 지아는 도
저히 안 되겠는지, 한 주택 앞에 놓인 작은 평상에 털퍼덕
대자로 누워버린다. 지아를 따라 옆에 앉는 선. 가쁜 숨
을 몰아쉬며 겨우 진정한다. 문득 통쾌한 웃음을 터뜨리

는 지아. 선은 여전히 자신들이 왜 이렇게 숨 가쁘게 뛰어
왔는지, 지아는 왜 저렇게 웃는지 알지 못해 당황스럽다.
지아는 어이없어하는 선을 장난스레 보다, 품 안에 숨겨온
색연필 세트를 짠, 내민다.

지아   (색연필 세트를 넘기며) 자!

선   (얼결에 받는다) …… 뭐야?!

지아   네가 갖고 싶다고 했던 거!

선   (당황스럽다) 야…… 이거 샀어?

지아는 선을 보고 장난스럽게 씩 웃는다. 그제야 사태 파
악을 한 선.

선   (소리를 꽥 지른다) 야!

지아   (깜짝 놀라 자신도 모르게 웃음이 나온다) 아, 왜~

선   야! 너…… 그러면 어떡해……?

지아   괜찮아. 그 아저씨 진짜 좀 짜증 나서, 내가 복수를 좀 해
줘야 됐거든.

선   아니…… 그래도 이건 좀 아니잖아……!

지아   뭐가 아니야~

선   그래도 이러면 어떻게 해……?!

지아   왜~ (색연필을 빼앗고) 싫음 말고!

선   아니…… 내 말은 그게 아니라…….

우리들

색연필을 빼앗겨 당황한 선이 지아를 붙잡으려 같이 일어
난다. 지아를 쫓아다니며 색연필을 다시 가져가려는 선.
지아는 뺏기지 않으려 요리조리 피하며 선을 약 올린다.

지아   싫음 말라니깐!
선   (놀란다) 아니, 그게 아니라…….
지아   (장난치듯 다시 뺏으려 한다) 너 안 가지면, 그냥 내가 쓰레기
           통에~
선   (단호하다) 아니라니깐! 나 쓸래! 쓸 거야……!
지아   (피식 웃음이 난다) 뭐야, 진작 그럴 것이지!

다시 평상에 앉아 색연필을 가슴에 꼭 품고 놓지 않는 선.
지아는 그런 선을 보자 피식 웃음이 난다. 지아가 선 옆에
앉는다.
두근거리며 색연필 세트를 열어보는 선. 지아에게 고맙
고, 또 기분도 좋다. 그때 갑자기, 지아의 핸드폰이 울린
다. 번쩍 튀어 오르며 행복한 미소로 전화를 받는 지아.

지아   (통화한다) ……여보세요? 어, 엄마! ……응, 나 지금 친
           구랑 있는데…….

평상에서 일어나 멀리 가서 전화를 받는 지아. 선은 색연
필을 껴안고 그런 지아를 행복한 미소로 바라본다. 그런

데 밝게 웃으며 통화하던 지아의 안색이 점점 어두워진다.

지아   (통화 중) 또 왜……? 지난번에도 그랬잖아……!

점점 풀이 죽더니 이내 우두커니 서서 통화를 하는 지아.
선이 그런 지아의 뒷모습을 의아한 눈으로 물끄러미 바라
본다.

19.   선의 집 ─ 오후(해 질 녘)/내외부

거실. 벽에 기대앉은 선이 베란다에 걸터앉은 지아를 바
라본다. 축 처진 지아는 베란다 화분들 앞에 앉아, 멍하니
봉숭아꽃의 꽃잎들을 따버린다. 지아 옆에 쭈그리고 앉
아 바닥에 수북한 꽃잎들을 손으로 그러모으는 윤. 떨어
진 꽃잎들을 들고 지아에게 뭔가 말하려 하자, 선은 윤을
부르며 방해하지 말고 오라고 신호를 보낸다. 윤이 선에게
다가와 양손 가득 꽃잎을 모아 준다.

윤   (소곤소곤) 누나…… 이거 지아 누나가 다 뜯었어…….
선   (소곤소곤) 괜찮아……. 윤이 들어가서 놀래……?

어색한 분위기를 감지한 윤이 쭈뼛거리며 방으로 들어간

우리들

다. 다시 지아의 힘없는 작은 등을 물끄러미 바라보는 선. 한숨을 푹 쉬며 문득 윤이 가져온 봉숭아 꽃잎들을 물끄러미 바라본다. 꽃잎들을 하나하나 매만지다 다시 지아를 본다.

(시간 경과)

어느새 해 질 녘이 되었다. 붉은 노을빛이 선의 집 베란다로 쏟아진다. 여전히 멍하니 베란다에 앉아 있는 지아. 그때, 선이 봉숭아 꽃잎과 백반 가루를 섞고 절굿공이로 빻던 볼을 들고 지아 옆에 다가와 슬머시 앉는다. 선이 다가오자 슬쩍 처다봤던 지아는, 다시 멍하니 화분들을 바라본다. 역시 아무렇지 않은 듯 봉숭아 꽃잎을 빻으며, 화분에서 꽃잎을 더 따서 넣기도 하는 선. 지아는 선의 무심한 태도에 되레 조금 관심이 생긴다. 조금 더 꽃잎을 빻던 선은 이제 준비가 되었는지, 지아를 향해 자세를 튼다.

선	……손 좀 줘봐.
지아	응……?

지아의 손을 가져다 자기 무릎 위에 올리는 선. 지아의 손톱 위에 곱게 빻은 봉숭아 꽃잎을 정성스레 올린다. 이어 랩으로 싸고, 끈으로 묶는 선. 지아는 선이 무얼 하는 건지 도무지 모르겠다. 선이 평소와 다르게 아무 말이 없자,

이번엔 지아가 조심스레 묻는다.

지아   ······뭐 하는 거야?
선   봉숭아 물.
지아   봉숭아······?
선   응. 손톱에 물들이는 거······.
지아   아아······.
선   예쁘게 해줄게.

선을 물끄러미 바라보는 지아. 선은 다시 힐끔 지아를 보더니 조심스레 웃는다. 선은 다시 집중해서 지아의 다음 손톱 위에 봉숭아 꽃잎을 올려놓는다. 얼굴이 조금 편해진 지아와 안심하는 선. 해 질 녘의 빛이 베란다에 은은하게 흩어진다. 두 사람은 아무런 말 없이 봉숭아 꽃물을 손톱에 들인다.

20.   선의 집, 남매의 방 — 밤/내부

모기장이 쳐져 있는 불 꺼진 남매의 방. 선과 지아가 잠옷 바람으로 누워 있다. 마주 보고 누워 봉숭아 물 들인 손을 겹쳐보는 둘. 단단히 동여맨 비닐이 반짝인다. 둘의 손목에 우정 팔찌가 매여 있다. 지아를 바라보고 누워 슬쩍 웃는 선. 지아도 문득 선을 보고 웃더니 다시 생각에 잠긴다. 천장을 멀뚱히 바라보는 지아를 물끄러미 바라보는 선. 고민하던 지아가 문득 입을 연다.

지아   있잖아……. 사실 우리 부모님 이혼했다. 나 1학년 때…….

선   (놀란다) 정말……?

지아   응……. 근데 처음엔 이혼한지도 몰랐다. 웃기지? 그냥 저절로 알게 되더라고. 자꾸 왔다 갔다 하니깐…….

선   응……?

지아   그런 게 있어~

선   아…….

지아   (피식) 그래도 맨 처음엔 엄마랑 살았거든. 근데 엄마 바빠져서 잠깐 큰엄마네 갔다가, 아빠랑 살았는데, 아빠 회사 이사 가서 나만 할머니네로 온 거야.

선   아…….

지아   (애써 웃는다) 우리 집 이상하지……?

비밀을 털어놓자 조금 홀가분해진 듯한 지아. 선이 그런 지아를 빤히 쳐다본다.

지아   엄마랑 살 때가 젤 편하고 좋았는데…… 할머니 너무 자기 맘대로라 짜증 나…….

선   아…… 그럼 엄마랑 살겠다고 하면 안 돼?

지아   어떻게 그래~

선   왜……?

지아   몰라. 암튼 못 해.

선   아…….

지아   그리고 우리 할머니, 엄마 얘기만 나오면 엄청 화낸단 말
            이야…….

선   어? 우리 아빠랑 똑같다.

지아   왜?

선   우리 아빠도 할아버지 얘기만 나오면 막 화내고 술
            마셔…….

지아   아…… 어른들은 진짜 왜 그러냐?

선   그러니깐…….

지아   근데…… 나 엄마 못 본 지 되게 오래됐다.

선   아…… 많이 바쁘신가 보다. 아무래도 영국 회사니
            깐…….

지아   몰라. 맨날 이래. 이번에도 꼭 같이 바다 가기로 했는
            데…….

선   정말? 우리도 바다 가기로 했었는데…….

지아   진짜?

선   응……. 근데 아빠 공장 못 쉬어서 못 간대.

지아   진짜? 아, 다 이상해…….

우리들

깊은 한숨을 푹 쉬는 지아. 선도 따라 한숨을 쉬며 지아를
물끄러미 바라본다.

선	⋯⋯지아야.
지아	응?
선	우리⋯⋯ 나중에 같이 바다 보러 갈래? 우리 둘만!
지아	진짜?! 완전 좋아⋯⋯.
선	(새끼손가락을 건다) 약속!
지아	약속⋯⋯!

새끼손가락을 거는 두 사람. 서로의 얼굴을 보자 다시 절
로 미소가 지어진다.

21. **동네 ― 오전~해 질 녘/외부**
: 친해지는 선과 지아 몽타주

선과 지아가 마치 꿈처럼 신나는 일주일을 보낸다.

― 선의 집
선과 지아가 함께 스케치북에 그림을 그리고 논다. 옆에선
윤이도 같이 그림을 그리고 논다. 도란도란 그림 그리고
이야기하며 수박을 먹는 세 사람.

— 작은 담벼락 길

서로 장난을 치며 웃고 떠들며 길을 걸어가는 선과 지아.
지아가 문득 남의 집 대문 초인종을 누르더니 먼저 도망
치고, 놀란 선이 뒤따라 후닥닥 도망친다.

— 시장 길

선과 지아가 아이스크림을 먹으며 시장을 지난다. 상점들
을 구경하면서 이야기를 나누는 두 사람.

— 동네 하천 계곡

선과 지아가 주택가에 위치한 계곡물에서 피서를 즐긴다.
얕은 계곡이지만 함께 물놀이를 하며 즐거워하는 두 사
람. 옷이 다 젖는지도 모르게 신나는 시간을 보낸다. 봉숭
아 물이 든 둘의 손톱이 붉게 반짝인다.

— 계단 길

선과 지아가 과자를 먹으며 계단을 올라온다. 벌써 날이
많이 지나가 아쉬워하는 두 사람. 장난치고, 웃고, 떠들면
서 서로의 많은 점들을 알게 된다.

— 초등학교 운동장

해 질 녘. 선과 지아가 정글짐에 올라 학교를 바라보며 이
야기를 나눈다. 학교에 대해 설명하는 선과 재미있어하며

우리들

듣는 지아. 두 사람의 얼굴에 미소가 가득하다.

22.　　　　**선의 집 — 새벽/내부**

이른 아침. 문득 잠에서 깬 선이 잠든 지아를 오래도록
물끄러미 바라본다. 지아 같은 친구가 옆에 있는 게 꿈만
같다.

(시간 경과)

거실. 반찬들을 차려놓은 식탁에서 가계부를 정리하는
엄마. 잠옷 바람의 선이 잠에서 깨어나 엄마에게로 향한
다. 엄마와 마주하고 앉는 선. 엄마가 다정하게 웃는다. 지
아는 아직 방에 곤히 잠들어 있다.

선　　　　엄마…….

엄마　　　어이구, 우리 딸~ 왜 벌써 일어났어. 더 자~

선　　　　아니, 그냥 깼어요……. 엄마 오늘 일찍 가요?

엄마　　　응. 아침 주문 들어와서 엄마 빨리 나가봐야 돼. 지아
　　　　　는? 자?

선　　　　네. (반찬을 열어본다) 아, 엄마……! 오이김밥 해주기로 했
　　　　　잖아요…….

엄마　　　웬 오이? 너 오이 안 먹잖아?

선   아니, 지아가 엄마 오이김밥 진짜 좋아하잖아요~ 오늘
         해주기로 했잖아~

엄마   맞다! 내 정신 좀 봐. 내일 해줄게! 내일!

선   내일 안 돼요~ 지아 오늘 가는데~

엄마   그래? 벌써 그렇게 됐어?

선   엄마~ 제발요~ 오이 많이 넣고요~ 네?

엄마   아니, 밥도 벌써 다 해놨는데~

선   딱 두 줄만요~ 네? 해주세요~ 오이김밥~

엄마   얼씨구, 갑자기 애기 됐네, 우리 딸. 지아가 그렇게 좋
         냐?

선   엄마아아아~

엄마는 아이처럼 조르는 선이 귀여워 뽀뽀하고 토닥인다.
소곤거리며 이야기하는 모녀. 그때, 문득 잠에서 깬 지아
가 선을 찾다가 거실을 바라본다. 선 엄마가 선을 끌어안
고 토닥이는 모습을 물끄러미 바라보는 지아. 지아는 둘
이 무슨 대화를 하는지 소리는 들리지 않지만, 다만 따뜻
하고 행복해 보일 뿐이다. 그저 멍하니 바라만 보는 지아.
무슨 생각을 하는지 알 수 없는 얼굴이다.

우리들

23.   선의 집 — 점심/내부

오래된 선풍기가 탈탈탈 돌아가는 거실. 엄마가 만든 김밥이 가득 담긴 접시가 식탁에 놓여 있다. 식탁에 앉은 선은 지아가 훔쳐준 색연필 세트로 그림을 그리며 김밥을 흐뭇하게 바라본다. 잠시 후, 잠에서 깬 지아가 다가와 맞은편에 앉는다.

선   지아야! 일어났어?

지아   (헤드폰 끼며) 으응…….

선   지아야, 이거 봐라! 짜잔!

신나서 오이김밥이 가득 담긴 접시를 내미는 선. 지아가 물끄러미 바라본다.

지아   ……이게 뭐야?

선   오이김밥! 네가 좋아하는 거!

지아   아…….

선   한번 먹어봐.

지아   아…… 이따가.

선   야, 이따가는 무슨 이따가야. 하나만 먹어봐. (김밥을 집어 든다) 먹어봐. 진짜 맛있어. 빨리. 자, 아~

선은 애써 어색하게 미소 지으며 피하는 지아에게 김밥을 먹여주려 한다. 그런 선을 빤히 바라보는 지아. 마음이 동하지 않는다.

지아   ……나 진짜 배 안 고파.
선   (민망하다) 아…… 그래……?

지아의 시큰둥한 얼굴을 보고 그제야 민망해져 김밥을 내려놓는 선. 다시 그림을 그리는데, 갑자기 와삭와삭 과자 씹는 소리가 들린다. 고개를 드는 선. 지아는 아무 생각 없이 식탁 위에 널브러진 과자 봉지에서 먹다 남은 과자를 몇 개 주워 먹는다. 당황해 바라보는 선. 기분이 조금 상하기도 한다. 그때 지아가 자리에서 일어난다.

지아   아…… 근데 너희 집 왜 이렇게 덥냐?

지아는 옷으로 부채질을 하며 거실 한복판에 놓인 선풍기 앞으로 다가간다. 선풍기를 틀고 그 앞에 앉아 딴청을 부리는 지아. 선은 지아의 뒷모습을 물끄러미 바라보다 고개를 돌린다. 애써 토라진 마음을 숨기며 다시 그림을 그리는 선. 둘 사이, 묘한 정적이 흐른다.

우리들

24.   **시장, 문방구 앞 — 오전/외부**

동네 번화가. 선이 멀리서부터 부랴부랴 뛰어온다. 늦었는지 열심히 달리는 선. 큰 문방구 앞에서 헤드폰을 끼고 기다리던 지아 앞에 다다라 숨을 헐떡인다. 지아는 큼지막한 영어 문제집 세 권을 들고 있다.

선   아…… 지아야! 많이 늦었지? 미안…….

지아   아니야…….

선   아…… 니네 집에 간다고 하니깐, 윤이가 계속 따라온다고 해서…….

지아   괜찮아.

선   아, 진짜 미안해.

지아   괜찮다니깐 왜 그래.

지아는 괜찮다면서도 조금 시큰둥해하고, 선은 그런 지아가 신경 쓰인다. 선은 문득 지아가 들고 있는 문제집에 시선이 간다.

선   (문제집을 보고) 근데 이건 뭐야?

지아   아…… 학원 숙제.

선   무슨 학원?

지아   영어 학원. 할머니가 마음대로 학원 끊어놨어.

선   아…… 언제부터 다녔는데?
지아   아, 몰라. 짜증 나…….

        짜증을 내면서 계단을 올라가는 지아. 선도 쫄래쫄래 따
        라가며 이야기 나눈다.

25.   지아의 집, 거실 — 오후/내부

        방학 숙제를 잔뜩 늘어놓은 채 거실 바닥에 엎드린 두 사
        람. 영어 문제집을 풀던 지아가 한숨을 푹 내쉬자, 지아 핸
        드폰으로 게임을 하던 선이 지아를 보고 피식 웃는다.

지아   ……선아. 제발 너도 같이 학원 다니면 안 돼?
선   (난감하다) 아…… 난 안 될 것 같은데…….
지아   왜……? 비쌀까 봐 그래?
선   뭐…… 그런 것도 있고, 다른 것도 있고…….

        선은 더 이상 할 말이 없고 대화를 피하고만 싶다. 슬쩍
        몸을 일으키는 선. 다시 게임에 몰두하려 하는데, 눈치 보
        던 지아가 같이 몸을 일으켜 옆에 앉아 말한다.

지아   그럼…… 내가 학원비 대신 내줄까?

우리들

선   (황당하다) ……어?

지아   아니, 내가 아빠한테 말해서 대신 내달라고 하면, 우리
          같이 다닐 수 있잖아.

          당황하고 자존심도 상한 선. 지아를 빤히 바라본다.

선   야…… 그걸 왜 니네 아빠가 내?!

지아   (뜨끔한다) 아니, 그냥 같이 다니고 싶으니까 그러지…….

선   그래도…… 그건 좀 아니지…….

          빈정 상한 선이 다시 핸드폰을 치켜들고, 지아도 눈치가
          보여 입을 다문다. 둘 사이, 땐땐한 정적이 흐른다. 그런데
          그때, 지아의 핸드폰에 전화가 온다. 버튼 터치를 하다 실
          수로 스피커폰을 켜버리는 선. 남녀 아이들 네다섯 명의
          목소리가 동시에 튀어나온다.

아이들(V.O)   헐, 받았나 봐! 대박. (웃고 난리다) 야, 한지아! 오랜만이
          다. 전학 가니까 존나 좋냐? 우리는 너 없어서 존나 심심
          하거든. 너 거기서도 계속 재수 없게…….

          당황한 지아가 황급히 핸드폰을 가져가 부랴부랴 끈다.
          선도 당황해 빤히 쳐다본다.

| 지아 | 아…… 전 학교 친구들인데, 애들이 장난을 좀 잘 쳐서……. |
| 선 | 아……. |

선은 괜히 지아의 눈치가 보이고, 지아는 생각해보니 조금 화가 난다.

지아	근데…… 너도 핸드폰 좀 사면 안 돼?
선	……어?
지아	아니, 솔직히…… 요새 핸드폰 없는 애들이 어딨냐?
선	(민망하다) 아…….
지아	그리고 네가 자꾸만 내 핸드폰 써서, 배터리도 다 나간단 말이야.
선	(울컥) 나 그렇게 많이 안 썼어…….
지아	솔직히 게임도 많이 하고, 너희 엄마가 너 찾는다고 나한테 맨날 전화하잖아. 그게 얼마나 불편한 줄 알아? 내가 무슨 둘 사이에 심부름꾼도 아니고…….

둘 사이, 긴장된 정적이 흐른다. 그런데 그때 지아의 핸드폰이 다시 울린다. 기가 막힌 듯 썩은 미소를 짓는 지아. 선에게 핸드폰을 홱 내민다.

| 지아 | 받아. 니네 엄마잖아. |

우리들

입술을 꾹 물고 있던 선. 지아의 다그침에 슬며시 핸드폰을 가져간다. 짜증 난 지아는 혼잣말로 구시렁거리며 방으로 들어가버린다. 민망하고 쪽팔리는 마음으로 거실에 혼자 남은 선. 진동이 울리는 핸드폰을 물끄러미 바라본다.

26.   선의 집 — 점심/내부

해가 중천인데도 여전히 이부자리에 누워 있는 선. 지아와 싸운 일로 마음 상한 선은 일어날 생각도 없이 그저 멍하니 벽만 보고 누워 있다. 부엌과 거실을 분주하게 오가며 출근 준비를 하는 엄마. 선에게 몇 마디 건네지만, 선은 묵묵부답이다.

엄마	선아, 너 종일 그러고 있을 거야? 얼른 가서 윤이 좀 데리고 오라니깐. 엄마 금방 나가봐야 돼.
선	…….
엄마	아! 이따 지아 오지? 오이김밥 싸놓을까?

지아 이야기에 더욱 속이 상하는 선. 말없이 이불을 푹 뒤집어쓴다.

문방구 안. 윤이 문방구로 뛰어 들어온다. 신나서 장난감을 구경하는 윤. 어린이집 가방을 든 선이 뒤늦게 터벅터벅 따라 들어온다. 한숨을 푹 내쉬는 선.

선   윤아, 누나 돈 없어…….

윤   나 구경만 할 건데?

선   너 또 사달라고 할 거잖아.

윤   근데 오늘 지아 누나 와?

선   (움찔 놀란다) ……지아? 안 오는데…… 왜?

윤   아, 나 지아 누나한테 보여줄 거 있는데…….

다시 한숨을 푹 쉬는 선. 그런데 그때, 문방구 문밖으로 지아와 **지아 할머니(65세, 여)**가 실랑이를 벌이며 지나간다. 익숙한 목소리에 힐끔 돌아보는 선. 무슨 일인가 싶어 슬쩍 밖으로 나갔다가 움찔 놀란다.

문방구 밖. 길 한복판. 계속 떼를 쓰며 걸어가는 지아와 야단치는 지아 할머니의 뒷모습이 보인다. 자신도 모르게 우두커니 서서 지켜보는 선. 지아는 학원 가기 싫다고 짜증 부리고, 할머니는 그런 지아를 혼내느라 같이 짜증이 난다. 결국 할머니는 성을 내며 다른 쪽 골목길로 사라지고, 지아도 툴툴거리며 반대편 코너로 꺾어 들어간다. 가만히 지켜보는 선. 무슨 일인지 궁금하다.

28.　　　　**시장, 화해길 — 오후/외부**

조심스레 한 골목으로 들어서는 선. 골목 가운데 계단에 서서 아빠와 통화하는 중인 지아의 뒷모습이 보인다. 윤의 어린이집 가방을 든 채 조심스레 다가가는 선.

지아　　　　……아빠, 나 학원 안 다니면 안 돼? ……아니, 겨우 친한 친구 사귀었는데 나 진짜 놀 시간도 없다고. ……아니…… 선이는 학원 다닐 수가 없다니까?

우물쭈물하며 통화하는 지아를 훔쳐보는 선. 조금씩 다가가다 멈춰 선다.

지아　　　　…… 알았어, 끊어!

전화를 끝내고 망연자실해 고개를 푹 숙이는 지아. 선은 무슨 말을 해야 할지 몰라 눈치를 보고, 지아는 뒤돌아가려다 선을 보고 깜짝 놀란다. 서로 마주 보고 뻘쭘하게 선 두 사람. 선은 지아의 눈치를 보며 뭔가 말할 듯 말 듯

망설이고, 지아 역시 선을 살피며 먼저 말을 건넬까 고민
한다. 문득 동시에 입을 여는 두 사람.

선   너 왜……?
지아   어디 가……?

다정한 서로의 말투에 놀란 두 사람. 다시 입을 다물고 서
로 눈치를 본다.

선   너 먼저 말해…….
지아   ……아니야. 너 먼저 말해.
선   괜찮아. 너 먼저 말해.
지아   아니야. 너 먼저 말해.

다시 어색해지는 사이. 둘은 쭈뼛거리며 서로를 쳐다본
다. 말을 하지 않아도, 이미 조금씩 서로의 마음을 느끼는
두 사람. 서로를 빤히 쳐다보는 둘. 선은 문득 자신도 모
르게 미소가 지어진다. 지아도 그런 선을 보고, 절로 미소
가 흘러나오지만 애써 참는다.

지아   ……너 근데 왜 웃어?
선   넌 왜 웃어?
지아   네가 먼저 웃었잖아…….

우리들

선	내가 언제…… .
지아	지금!
선	(웃는다) 내가 뭘……!

누가 먼저랄 것도 없이 웃음이 터지는 두 사람. 말하지 않아도, 서로의 마음을 알겠다. 지아가 선에게 다가와 먼저 어깨동무를 하고 헤드록을 걸며 장난친다.

지아	그런데 너 왜 연락 안 했어?
선	아니…… 문자 할려고 했는데…… 넌 그럼 왜 안 했어?
지아	(윤의 가방을 보고) 근데 이거 뭐야? 이거 윤이 가방 아냐?
선	(생각났다) ……어?! 윤이!

들고 있던 윤의 가방을 보고 깜짝 놀란 선. 지아도 그런 선의 얼굴을 보고 당황한다.

29.　시장, 큰길 — 오후/외부

선과 지아가 윤을 찾아 헤매고 있다. 조금 앞서가는 선과 뒤따라오는 지아. 선은 잔뜩 당황해 주위를 두리번거리고, 지아는 그런 선을 애써 안심시키려 애쓴다.

| 선 | (큰 소리로) 야, 이윤! 어딨어……. (울 것 같다) 아, 어떡 |
해…… . 진짜 어디 간 거야…… .

지아	(다독인다) 괜찮아! 찾을 수 있어!
선	아……. 근데 너 학원 가야 된다며?
지아	학원이 문제냐? 윤이가 문제지!
선	아, 진짜 어떡해…… (반대쪽으로 가며) 이윤!

발을 동동 구르며 큰길가의 횡단보도 앞에 다다른 선. 지아가 따라와 옆에 선다.

| 지아 | (반대쪽을 살펴보며) 우리 갈라지자! 내가 저기로 가볼게! |
| 선 | (걱정된다) 아…… . |

뛰어서 다른 길로 향하는 지아. 선은 횡단보도를 건너 윤을 찾으러 간다.

30.　시장, 학원 근처 2차선 도로 ― 오후/외부

혼자 윤을 찾으며 걸어가는 선. 꽤 오래 헤맸는지 속도도 많이 줄었다. 아직도 윤을 찾지 못해 당황한 얼굴의 선. 그런데 그때, 반대편 도로에서 "선아! 이선!" 하고 부르는 소리가 들린다. 놀라서 돌아보는 선. 맞은편 인도를 보니,

지아와 윤이 선을 보고 폴짝 뛰며 손을 흔든다. 지아가 겨우 찾았다는 듯 신나서 윤을 가리키고, 윤도 아무렇지 않은 듯 선을 보고 활짝 웃는다. 그제야 안도의 한숨을 내쉬는 선. 걱정시킨 윤에게 조금 화도 낸다.

선　　아, 진짜……! (소리 지르며) 이윤! 너 어디 있었어?!
지아　내 친구가 찾아줬어! 잠깐만 기다려!

겨우 안심하고 미소를 짓는 선. 그런데 맞은편을 바라보던 선의 얼굴이 점점 어두워진다. 지아 옆에, 보라가 서 있다. 당황한 선. 보라도 선과 눈이 마주치자 쎄한 얼굴이 되지만, 지아와 윤은 아무것도 모른 채 해맑게 손을 들어 보인다. 놀라서 꿈쩍도 못 하겠는 선. 지아는 어느새 윤을 데리고 차도를 넘어온다. 선은 괜히 윤에게 심통을 부린다.

선　　윤아! 너 어디 갔었어?!
지아　학원 친구가 찾아줬어! 진짜 신기하지?
선　　(당황한 기색을 감추려 애써 웃는다) 아…….
지아　그런데 나 지금 학원 좀 늦어서…….
윤　　(지아를 붙잡는다) 가지 마~
지아　누나 이제 학원 가야 돼.
선　　……가야 돼?

| 지아 | 응, 미안. 나 먼저 가볼게. 학교에서 봐! |
| 선 | 어? 어어……. |

다시 부리나케 건너가는 지아. 선은 인사도 제대로 못 하고 지아를 보내고, 지아는 빤히 선을 보고 있는 보라에게 달려가 함께 길을 떠난다. 당황해서 멀어지는 둘을 바라만 보는 선. 보라는 계속 선을 살피며 지아에게 뭔가 속삭이고, 지아는 진지한 표정으로 듣다 선을 슬쩍 돌아본다. 지아와 보라는 이내 둘이서만 깔깔거리며 멀어진다. 윤의 손을 잡고 우두커니 서 있는 선. 멀어지는 두 사람을 불안한 시선으로 바라본다.

31. 요양 병원, 병실 앞 복도 — 오후/내부

복도. 긴 의자에 나란히 앉아 있는 선과 윤. 윤은 엄마 핸드폰으로 게임 중이고, 선은 멍하니 생각에 잠겨 있다. 초조한 듯 누군가를 기다리는 엄마. 그때 병실 문이 열리고 **간호사(20대, 여)**가 나온다. 기다리던 엄마가 일어선다. 관심 있게 지켜보는 선.

| 엄마 | 저기, 어떻게……. |
| 간호사 | 아, 며느님 되시죠? |

우리들

엄마   네. 저희 아버님 좀 어떠세요?

간호사   아, 아까 발작이 좀 심하셨는데, 이제 좀 괜찮아지셨어
            요.

엄마   아아, 다행이네요.

간호사   근데 아까 계속 아드님 찾으시던데……?

엄마   같이 오긴 했는데 지금 주차장에…… 바로 올라오라고
            할까요?

간호사   괜찮아요. 어차피 지금 막 잠드셔서 오늘은 면회는 힘드
            실 것 같아요.

            간호사의 이야기를 듣는 엄마. 선은 그런 엄마와 간호사
            를 걱정스레 바라본다.

32.   요양 병원, 야외 주차장 ― 오후/외부

            아빠의 공장 차(스타렉스) 뒷좌석에 앉은 선과 윤. 아빠는
            운전석에 앉아 있고, 차는 날이 더워 문들을 활짝 열어놓
            았다. 윤은 한창 핸드폰 게임 중이고, 선은 아빠의 뒷모습
            을 멍하니 바라본다. 핸들에 기대 멍하니 생각에 잠긴 아
            빠. 그때, 멀리서 병원 영수증을 든 엄마가 다가와 선 옆에
            선다.

엄마   야, 엄마 핸드폰 누가 가져갔어.

윤   (핸드폰을 선에게 던지며) 누나요!

선   (황당하다) …….

엄마   (윤을 애교 있게 쳐다보며) 으이구, 한참 찾았잖아! 얼른 줘!

선이 엄마에게 핸드폰을 건넨다. 아빠가 앞좌석에서 핸드폰을 확인하는 엄마를 본다.

아빠   ……왜? 뭔 일인데?

엄마   아니, 카드가 둘 다 안 먹어. 결제가 된 건지 안 된 건지.

엄마가 핸드폰으로 전송된 결제 내역을 확인하는 동안, 선이 눈치 보며 말한다.

선   엄마…… 저도 핸드폰 사주시면 안 돼요?

엄마   (제대로 안 듣고) 엄마 거 쓰면 되잖아.

선   아니…… 다른 애들은 다 핸드폰 있는데, 저만 없단 말이에요…….

엄마   (계산에 몰두했다) 잠깐만 있어 봐. 정신없어.

선   아니, 솔직히…… 요새 핸드폰 없는 애들이 어디 있어요…….

엄마   시끄러! 지금 그게 중요한 게 아니라고. (통장과 계산 내역을 보고 아빠에게) 당신, 야간 수당부터 당겨 받아야겠네.

우리들

| 아빠 | 많이 나왔어? |
| 엄마 | 지금 그게 문제야? 많이 들어서 좋아지시면 다행이지. |

아빠와 이야기를 나누는 엄마. 선은 자기 속도 몰라주는 엄마가 야속하기도 하고, 또 미안하기도 하다. 다시 등을 대고 앉는 선.

33.　　도로, 공장 차 안 — 밤/내부

아빠의 공장 차가 도로를 달린다. 창에 기댄 선은 실팔찌를 보며 생각에 잠겨 있고, 윤은 어느새 잠이 들었다. 엄마와 아빠는 조곤조곤 대화 중이다.

아빠	뭐…… 많이 안 좋대?
엄마	왜? 궁금하셔?
아빠	(찔린다) …….
엄마	(구시렁) 그러게 같이 좀 뵙고 오지……. 아버님 내내 당신 찾고 난리였다는데. 아니, 이럴 거면 굳이 공장 차는 왜 빼서 달려왔대~

엄마는 아빠한테 잔소리를 하고, 아빠는 다시 입을 다물고 풀이 죽는다. 슬쩍 부모를 쳐다봤던 선은 다시 차창 너

머를 응시한다. 지아 생각에 절로 한숨이 푹 나오는 선.

34.　　　　**초등학교, 교실 — 오전/내부**

개학식. 아이들은 방학 때 뭘 하고 지냈는지 서로 떠들며 즐거워하는데, 선은 혼자 앉아 초조한 얼굴로 보라를 바라본다. 아이들과 즐겁게 수다를 떠는 보라. 선은 무슨 생각을 하는지 그저 불안한 시선으로 보라를 훔쳐본다. 그때, 담임이 들어와 떠드는 아이들을 진정시킨다. 문득 교단을 보고 얼굴이 밝아지는 선. 담임 옆엔 지아가 있다.

담임　　조용! 이건 뭐, 선생님이 들어오든 말든~ 뭐 개학한 게 그렇게 좋아?

보라　　(아이들이 웃는 가운데) 샘은 저희 보기 싫었어요?

담임　　최보라, 예리해. 어떻게 알았지! (아이들 야유하자 웃는다) ……어쨌든! 이번에 우리 반에 새 학기, 새 시작을 알리는 새 친구가 왔어요. 자, 인사!

지아　　아…… 안녕! 난 한지아고, 친하게 지냈으면 좋겠어!

나름 씩씩하고 밝게 인사하는 지아. 선은 문득 지아와 눈이 마주쳐 손을 흔들며 밝게 인사를 하지만, 지아는 선을 보지 못했는지 고개를 돌린다. 의아한 선. 하지만 담임과

아이들이 지아의 인사에 환호하며 박수 치자, 선도 함께
웃으며 박수를 친다.

담임		다들 잘 들었지? 오늘부터 지아 학교 잘 적응할 수 있게
		다들 도와줄 거지?

아이들		네.

담임		오케이. 좋아. 그럼 지아 자리는 일단…….

담임이 지아가 앉을 자리를 살피는 동안, 지아가 보라를
보고는 시선을 교환하고 손짓하며 밝게 웃는다. 보라도 한
껏 웃으며 화답한다. 더욱 의아한 마음을 감출 수 없는 선.

담임		(살펴본다) ……선아! 손!

선		(놀라서 손을 든다) ……?

담임		저기 선이 옆이 비었으니깐 앉고. (선에게) 선이는 지아 많
		이 도와줘야 돼!

선		(기분 좋다) 네……!

지아는 선의 옆자리로 다가오는 길목에도 보라와 손을 붙
잡고 반가운 해후를 하며 기뻐한다. 선이 그런 둘을 빤히
바라본다.

담임		(이어간다) 그래서, 방학들은 잘들 보냈냐? 샘 막 보고 싶

어서 울고 그랬지!

아이들　　아니거든요! 뭐야, 진짜~

담임　　(웃는다) 아무튼! 개학도 했으니깐, 새 마음으로 자리 싹 한번 바꿔볼까?

아이들　　네! 오예!

담임　　좋아, 좋아!

유쾌하게 조회를 이어가는 담임. 잠시 긴장과 불안에 휩싸였던 선은 지아가 다가와 옆자리에 앉자 금세 얼굴이 환해진다. 밝게 웃으며 지아를 환영하는 선.

선　　지아야……! 아까 내가 인사했는데 봤어?

지아　　아니…… 못 봤는데…….

선　　근데 진짜 신기하다. 어떻게 짝이 되지?

지아　　응…… 그러네…….

애써 웃어 보이는 지아. 그런데 지아는 앉아서도 멀리 앉은 보라와 시선을 맞추며 반갑게 대화를 한다. 그런 둘을 물끄러미 바라보는 선. 점점 더 불안해진다.

우리들

35.   **초등학교, 복도/교실 — 오전/내부**

쉬는 시간. 화장실에 다녀온 선은 손에 묻은 물을 탈탈 털며 교실 뒷문으로 들어온다. 문득 지아 자리를 둘러싸고 왁자지껄 수다를 떠는 보라와 은주, 태연을 발견한다.

보라   애 런던인가? 거기 살았다고 했는데! 맞지?

은주   헐! 너 몇 년 살았어?

지아   몰라? 한 2년인가…….

태연   와…… 난 해외여행도 한 번도 못 가봤는데.

아이들은 웃음이 빵 터져서, 서로를 치고 난리가 났다. 교실 뒷문에 들어선 선은 교실 뒤편 사물함으로 향하며 아이들을 지켜본다. 뭔가 꺼내는 척하며 아이들을 살피는 선. 지아는 비록 뒷모습밖에 보이지 않지만, 아이들 틈바구니에서 충분히 즐거워 보인다.

은주   야! 그럼 너 영어도 완전 잘하겠다.

보라   (말 돌리려) 됐고! (지아에게) 너 진짜 생일 선물, 뭐 갖고 싶어?

지아   됐어~

보라   (장난치듯) 왜? 뭐 비싼 거 갖고 싶어?

지아   (맞받아치며) 비싼 거 얘기하면? 사주게?

보라	당근이지! 우리 생일날은 돈 모아서 해주는데.
은주	아! 너 모르지? (아이들과 시선을 교환하며) ……원, 투, 스리,
아이들	짜잔!

보라 무리가 손을 한데 모아 손톱을 보여준다. 색색의 파스텔톤 매니큐어로 앙증맞게 칠한 손톱들이 지아의 눈앞에 펼쳐진다. 자신들의 우정을 자랑하듯 같은 색으로 칠한 아이들의 손톱이 지아는 마냥 부럽기만 하다. 선이 뒤에서 그런 모습을 훔쳐본다.

| 지아 | (보라 손톱을 살펴보며) 우와, 대박이다. 안 그래도 예쁘다고 생각했는데. |
| 보라 | (으쓱한다) 그치? 원래 비쌀수록 이쁜 법! (웃는다) |

아이들은 이내 보라의 생일날 있었던 재밌는 일들에 대해 수다를 늘어놓는다. 그런 모습을 빤히 바라보던 선은 눈치를 보며 은근슬쩍 자리로 향한다. 조심스레 지아의 옆자리에 앉는 선. 그러자 분위기가 급 싸해지더니, 아이들이 대화를 멈춘다. 선의 앞에 앉았던 태연이 피하듯 은근슬쩍 일어나자, 보라와 은주도 같이 일어난다. 지아는 어떻게 대처해야 할지 몰라 당황한 표정이다. 선도 당황하기는 마찬가지다.

우리들

보라	암튼⋯⋯ 생일 선물 정해지면 알려줘. 가자.
은주	(눈빛을 교환하며) 나 매니큐어 다 벗겨져서, 다시 칠해야 될 거 같아.
태연	나도, 나도!

보라 무리가 웃으며 떠나고, 한순간 지아와 단둘이 남겨지는 선. 둘 사이, 말없이 묘한 긴장이 흐른다. 지아를 훔쳐보는 선. 당황한 지아는 돌처럼 굳어 가만히 있다. 선이 문득 말을 걸려 하자, 지아는 괜스레 헤드폰을 찾으며 도망치듯 자리를 빠져나간다. 혼자 덩그러니 남겨진 선. 끔찍한 불안이 엄습한다.

36.　　선의 집 — 오전/내부

거실. 식탁에 앉아 있는 선. 식탁 위, 선과 윤이 함께 모아 온 저금통이 열려 있다. 동전을 세느라 몇 줄씩 세워두긴 했지만, 사실상 모아둔 돈이 거의 없다. 한숨만 푹푹 나오는 선. 문득 식탁 구석에, 엄마가 올려둔 가계부 사이로 삐죽 나온 만 원짜리 몇 장에 시선이 간다. 물끄러미 바라보는 선. 가계부를 스윽 끌어와 앞에 두고 한참을 매만진다. 불안한 듯, 건넛방에 잠든 윤을 슬쩍 바라보는 선. 세상모르고 쿨쿨 잠든 윤의 뒷모습이 보인다. 잠든 윤의 눈치를 보며, 조심스레 가계부를 여는 선. 심장이 터질 것 같다.

37.   지아의 집 앞 — 오후/외부

큰 선물을 안고 지아 집으로 달려가는 선. 대문 앞에 선 선이 숨을 몰아쉬며 초인종을 누른다. "잠깐만요!" 하는 지아의 밝은 목소리가 들리자, 흥분한 선은 문득 대문 옆에 몸을 쏙 숨긴 채 두근두근하며 지아를 기다린다. 그때, 지아가 마당을 가로질러 대문을 열고 나온다. 지아 뒤로 살금살금 다가가 "왁!" 하고 놀래는 선. 깜짝 놀란 지아가 들고 있던 신용카드를 주머니에 쏙 집어넣는다. 선은 지아를 보고 반가운데, 지아는 어쩐지 선의 방문이 불편한 기색이다. 선은 애써 밝게 웃으며 인사한다.

선	안녕.
지아	안녕…….
선	뭐 했어?
지아	뭐, 그냥…… 근데 너 왜 왔어?
선	아…… 너 오늘 생일이잖아! (다짜고짜 선물을 내민다) 자!
지아	(받지 않는다) 아…… 괜찮은데…….
선	(애써 넘겨준다) 받아. 이거 비싼 거야~
지아	(억지로 받는다) 아…… 고마워…….

우리들

선	지금 풀어봐.
지아	아…… 나중에 풀어볼게.
선	(조른다) 지금 풀어봐~
지아	나중에 풀어본다니깐…….

지아가 거부하자 점점 더 민망해지는 선. 애써 웃으며 화제를 돌린다.

선	아…… 지아야! 우리 방방 타러 가자!
지아	(당황한다) 지금?
선	응! 나 엄마한테 돈 받았어. 빨리 가자!
지아	아…… 근데 나 지금 숙제 때문에…….
선	숙제? (이상하다) 이번 주에 숙제 없는 걸로 아는데…….
지아	아…… 학원 숙제. 미안해. 나 진짜 좀 바빠서…… 갈게.

도망치듯 안으로 들어가려는 지아. 그때, 선이 지아의 손을 붙잡는다.

선	지아야, 혹시…… 너…… 나한테 화난 거 있어?
지아	(당황한다) 아니…….
선	화난 거 있는 것 같은데…….
지아	아니, 지금 숙제 때문에…….
선	그냥 얘기해. ……나 괜찮아!

지아 진짜 없다니깐 왜 그래…….

선 있는 것 같은데…….

지아의 손을 붙들고 놓지 않는 선. 지아는 당황스럽고, 선은 간절하다. 그때, 대문 안에서 "지아야, 피자 안 왔어?" 하는 소리와 함께 보라가 뛰어나오는 소리가 들린다. 깜짝 놀라는 선과 지아. 선은 대문으로 나온 보라를 보고 움찔 놀라고, 지아는 중간에 끼어 사색이 된다. 생일 고깔을 가지고 나온 보라는 지아의 생일 파티 도중에 나온 모습이 역력하다. 보라도 당황해서 선을 쳐다본다.

보라 (눈치 보며 지아에게) 너 얘 초대했어……?

지아 아…… 그런 건 아니고…….

보라 ……이선. 너 근데 어떻게 왔어?

선 아니…… (화낸다) ……지아야, 너 생일 파티 안 한다며? 숙제해야 한다며?

지아 아…….

보라 (선에게) ……우리끼리 노는데 왜 자꾸 끼어들려고 해?

그때, 뒤늦게 은주와 태연이 수다를 떨며 뛰어나와 보라 옆에 선다. 아이들도 생일 고깔이며 생일 안경 등을 쓰고 나왔다. 그런 아이들의 모습에 당황하는 선. 아이들도 선을 보고 놀라고, 지아는 중간에 끼어 안절부절못하며 눈

우리들

치만 본다.

은주	……같이 노는 거야?
보라	(짜증 났다) 몰라.
태연	여긴 어떻게 왔대……?

불청객 선을 앞에 두고 저희끼리 속닥거리는 보라 무리.
하지만 아이들의 소곤거림은 선에게도 다 들리고, 선은
아무런 말도 할 수가 없다. 고개만 푹 숙이는 선.

38.   선의 집 — 밤/내부

거실. 식탁. 잔뜩 화난 얼굴로 마주 서 있는 선을 노려보는
엄마. 윤은 남매의 방문 너머로 선과 엄마를 보며 같이 긴
장해 있다. 윤과 눈이 마주치지만 이내 고개를 돌리는 선.

엄마	왜? 억울해? ……어디 할 말 있으면 해봐!
선	…….
엄마	아니…… 어떻게 동생 혼자 두고 나갈 생각을 해? 정 그렇게 급하면 엄마한테라도 맡기고 가든가!
선	정말 자고 있었는데…….
엄마	(왠지 안쓰러워 달래본다) 엄마가 친구들하고 놀지 말란 이야

기가 아니잖아. 엄마 말은, 기본을 지키라는 거잖아. 이
러면 엄마가 어떻게 너 믿고 일을 해?

잔뜩 쫄아든 선. 엄마는 한숨이 절로 나온다. 문득 선의
손에 들린 선물 상자를 빤히 바라보는 엄마. 선물을 가져
가려 한다.

엄마   ……너 이건 뭐야?
선   (당황한다) 아…….

당황해서 선물을 확 끌어안는 선. 엄마가 흠칫 놀란다.

엄마   얘 봐. (뭔가 의심스럽다) 어디서 났어? ……샀어?
선   …….
엄마   선아! 엄마 피곤해…… 얼른!

엄마의 추궁이 점점 심해진다. 고개를 푹 숙인 선. 아무
말도 할 수가 없다.

39.   선의 집 ― 오전/내부

아침. 남매의 방. 아직 이부자리에 누운 선. 부엌에선 엄마

가 아침을 준비하느라 분주하게 달그락거리는 소리가, 거
실 식탁에선 윤이 장난감을 갖고 노는 소리가 들려온다.
몸을 동글게 말고 누운 선은 꿈쩍도 하지 않는다.

엄마   이윤! 너 아침부터 웬 과자야! 그거 안 치워?!
윤   아~ 하나만~
엄마   얼른 가서 누나 좀 깨워. 누나 학교 늦겠다.
윤   (신경도 쓰지 않는다) 잠깐만요~

엄마와 윤이 투닥거리는 소리가 들려오는데도, 선은 미동
도 하지 않고 그저 가만히 누워만 있다. 멍하고 무표정한
선의 얼굴에서 깊은 고민과 아픔이 느껴진다.

40.   초등학교, 교실 — 오후/내부

점심시간. 뛰어다니며 장난치고 수다 떠는 아이들 사이,
선만 혼자 가만히 앉아 있다. 교실 뒤편에선 지아와 보라
무리가 수군수군 선의 험담을 하는 소리가 들려온다. 선
은 신경 안 쓰는 척하지만 다 듣고 있다.

지아   아니, 맨날 그런 건 아닌데, 내 핸드폰 좀 많이 쓰긴 해
         서…….

은주　왜? 자기 핸드폰 쓰라 그러지!

지아　아니, 쟨 핸드폰이 없으니깐.

은주　진짜? 쟨 없는 게 왜 이렇게 많냐?

태연　야! 그래서 네 것도 가져가서 안 주는 거 아냐?

지아　꼭 그렇다기보다…….

보라　그냥 가서 달라 그래~ 그게 뭐가 어렵다고 진짜~

그대로 굳어 생각에 잠긴 선. 그런데 잠시 후, 지아와 보라
무리가 나타나 자리를 에워싼다. 놀란 선이 올려다보자,
보라 무리 뒤에 숨어 빼꼼 고개를 내민 지아가 보인다.

보라　……야, 이선. 너 지아한테 빌려 간 색연필 좀 돌려줄래?

선　(뭔 소린지 모르겠다) ……어?

은주　지아가 빌려준 거 있잖아. 그거 다 썼으면 달라고.

선　(지아에게) 그거…… 나 준 거잖아…….

지아　(당황) 내가 언제…… 빌려준 거잖아…….

태연　그렇게 비싼 걸 어떻게 주냐?

보라　네가 착각했겠지. 빨리 돌려줄래?

선은 결국 주섬주섬 가방에서 색연필 세트를 꺼내 건넨
다. 그러자 보라가 색연필을 홱 낚아채 지아에게 건넨다.
선은 문득 지아의 손톱에 시선이 간다. 지아는 봉숭아 물
이 든 손톱 위에 보라 무리와 같은 색의 매니큐어를 발랐

우리들

고, 선은 더욱 가슴이 아프다.

보라   다 있어?
지아   두 개 없는데…….
선   (당황한다) 아…… 그거 내 동생이 쓰다가 잃어버려서…….
은주   야, 친구 걸 동생한테 빌려주면 어떡하냐?
태연   와~ 장난 아니다~
보라   네가 필요한 건 네가 사. 아무리 돈이 없어도 그렇지…….
             가자.

보라가 은주, 태연, 지아를 이끌고 다시 사라진다. 가는
아이들을 슬쩍 보는 선.

보라   근데 쟤 좀 이상한 냄새 나는 것 같지 않아?
은주   땀 냄새 같은데. 나만 느낀 거 아니었네.
보라   쟨 체육 시간 끝나고 씻지도 않았나 봐.

자기들끼리 웃으며 멀어지는 보라 무리. 아이들은 완전히
교실 밖으로 나가버리고, 선만 혼자 남겨진다. 망연자실
한 선. 선은 정말 자신에게서 냄새가 나나 의심이 되는지,
슬쩍 눈치를 보며 옷 냄새를 맡아본다.

41.　　　　**시장, 엄마 분식집 — 밤/내외부**

손님 없는 가게. 엄마는 부엌에서 뒷정리를 하며 통화 중
이고. 선은 숙제를 하다 말고 고민 많은 얼굴로 반쯤 남은
봉숭아 물 손톱을 멍하니 바라본다.

엄마　　　(통화 중) ……아, 그래요? ……에이, 괜찮아. 애들끼리
놀다 보면 그럴 수도 있지. ……네, 그럼 이따 출발할 때
다시 전화할게요! ……고마워요, 연호 엄마. 네~ (끊
는다)

전화를 끊은 엄마가 한숨을 푹 쉰다. 그런 엄마를 슬쩍 쳐
다보는 선.

엄마　　　(속상하다) 아니 연호 앤 한동안 잠잠하다가 또 왜 이런
대니.

선　　　　……왜요? 연호가 또 윤이 때렸어요?

엄마　　　아유, 몰라. 레슬링인지 뭔지 그것 좀 그만하게 해야지.

선　　　　(답답하다) 진짜 재수 없어. 확 없어져버리면 좋겠다.

혼잣말로 욕을 중얼거리는 선. 행주로 주방을 닦던 엄마
가 깜짝 놀라 고개를 든다.

우리들

엄마	이선……? 너 방금 뭐라 그랬어?
선	(흠칫 놀란다) …….
엄마	너 누가 나쁜 말 하래?

선은 기가 팍 죽어 고개를 돌리고, 엄마는 이상한 낌새를 눈치채고 슬그머니 선 옆에 다가와 앉는다. 선을 다정하게 바라보는 엄마. 선은 더욱 마음이 쫄린다.

엄마	너 요즘 무슨 일 있어?
선	(기어들어 가는 소리) 아니요…….
엄마	……딸. 엄마 좀 봐봐!
선	(움찔한다) ……?
엄마	요즘 무슨 고민 있지? 우리 딸 좀 이상한데……? 사춘 긴가?
선	(고개를 젓는다) 아닌데…….

선의 머리를 쓸어 넘기며 따뜻하게 바라보는 엄마. 선은 그런 엄마 때문에 마음이 조금 흔들린다. 그런데 그때, 누군가 현관으로 들어선다.

| 지아 할머니 | 내가 늦었지! |
| 엄마 | 어머, 오셨어요? (놀란다) 지아야! 진짜 오랜만이다. 잘 지냈어? |

지아 할머니 (웃는다) 아유, 선이 잘 있었어?

'지아'란 소리에 움찔 놀란 선. 현관을 돌아보니, 지아가 지아 할머니를 따라 가게로 들어섰다. 당황한 선. 지아도 선과 마주한 게 영 뻘쭘해 보인다. 반가워하는 어른들 사이에서 선과 지아만 영 어색해 죽겠다.

(시간 경과)

포장 김밥을 테이블에 두고 수다를 떠는 어른들. 선은 엄마 쪽으로 몸을 틀고 앉아 은근슬쩍 지아를 살피고, 지아는 지아 할머니 옆에 앉아 핸드폰만 한다. 눈치 보는 지아.

엄마 근데 어디 다녀오세요? 많이 늦었는데.

지아 할머니 아, 수요예배 갔다가, 지아 학원 끝나는 거 맞춰 데리러 갔지.

엄마 학원이 이렇게 늦게 끝나요?

지아 할머니 얘보다 내가 더 피곤해.

엄마 (웃는다) 댁에 어떻게 가시게요? 많이 늦어서…….

지아 할머니 오늘 지아 아빠 오는 날이라, 여기로 곧바로 데리러 오라고 했어.

엄마 아, 그러셨구나.

지아 할머니 (선에게) ……얘. 넌 어디 학원 다니니?

엄마 (변명하듯) 애가 아직 어려 가지고.

우리들

지아 할머니   어리긴 뭐가 어려. 벌써 4학년인데. 얘도 영어 원래
            잘…… (지아가 핸드폰 하고 있자 화를 내며) ……야! 이것 좀
            집어넣어! 앤 하루 종일 이것만 들여다보고 있어.

            핸드폰을 집어넣는 지아. 선이 그런 지아를 슬쩍 훔쳐본
            다. 풀 죽은 지아. 엄마가 그런 지아의 마음을 풀어주려는
            듯 웃으며 다정하게 묻는다.

엄마   ……지아야! 아줌마가 내일 맛있는 거 많이 싸다 줄까?
지아   (놀란다) 아…… 괜찮아요…….
엄마   현장학습 가서 선이랑 나눠 먹어.
선   (말린다) 엄마…….
지아 할머니   됐고, 자기 진짜 시간 만들어서라도 교회 한번 나와.
지아   (말린다) 아, 할머니…….
지아 할머니   (들은 척 만 척) 우리 목사님 말씀이 너무 좋아서, 저기 용인
            이랑 분당에서도 다 여기까지 차들 타고 오고 그래.
엄마   아, 네에.

            할머니 비위를 맞추느라 애쓰는 엄마를 신경 쓰는 선. 지
            아는 전도하는 할머니가 난감하다. 둘은 두 어른 사이에
            끼어 서로를 은근히 훔쳐본다.

            (시간 경과)

엄마와 선이 현관에 서서 지아와 할머니를 배웅한다. 분식집 맞은편에 주차된 지아 아빠의 차로 다가가는 지아와 지아 할머니. 정장 차림의 **지아 아빠**(30대 후반)와 젊은 **아가씨**(20대 후반)가 차에서 나와 다가간다. 그들을 바라보는 선.

아가씨	어머님, 안녕하셨어요? (포장 김밥을 받아 들며) 저 주세요.
지아 아빠	뭐 사셨어요?
지아 할머니	(차로 향하며) 아, 지아 내일 소풍 간다고 해서, 뭐 이것저것…….
아가씨	(지아를 보고) 지아야! 잘 있었어?
지아 아빠	학원 갔다 왔어?
지아	네…….

아가씨는 할머니의 짐을 대신 들어주며 싹싹하게 굴고, 지아에게도 적극적이고 다정하게 대한다. 할머니는 그런 아가씨가 마음에 드는 눈치인데, 지아는 모든 상황이 어색하고 불편한 느낌이다. 같이 지켜보던 엄마가 혼잣말처럼 중얼거린다.

엄마	아가씨가 되게 젊네. 지아 아빠 능력 있네~

엄마는 다시 일을 마무리하러 부엌으로 가고, 선은 계속

우리들

훔쳐본다. 그러다 문득, 차에 타려던 지아와 눈이 마주친다. 움찔 놀라는 지아. 낯선 풍경 속에 놓인 지아는 어느 때보다 작고 외로워 보인다. 그런 지아를 물끄러미 바라보는 선. 생각이 많아진다.

42.　　대공원, 놀이동산 내 계단 — 오전/외부

현장학습 날. 홀로 계단에 앉아 있는 선. 엄마가 싸준 찬합 도시락을 품에 안고서, 여러 놀이기구를 오가며 끼리끼리 노는 친구들을 부러운 듯 바라본다. 한참을 주위를 둘러보다 멍해지는 선. 그러다 문득 멀리 지아와 보라, 은주, 태연을 발견한다. 그런데 한창 신난 보라와 은주, 태연과는 달리, 지아는 왠지 시큰둥해하며 머리가 아프다고 한다. 결국 지아는 걱정하는 아이들을 뒤로하고, 쉬겠다는 제스처를 하며 혼자 사라진다. 보라는 아쉬워하는 눈치지만 태연과 은주가 더 놀자며 보라를 잡아끈다. 헤드폰을 끼고선 터벅터벅 어디론가 향하는 지아. 선은 홀로 사라지는 지아를 물끄러미 바라본다. 곰곰이 생각에 잠기는 선.

선이 조심스레 누군가를 보며 다가간다. 선이 향하는 곳
엔, 헤드폰을 쓴 채 혼자 벤치에 앉아 핸드폰만 보는 지아
가 있다. 어느새 지아 옆에 다다른 선. 우물쭈물하다 용기
를 내어 옆에 나란히 앉는다. 문득 선을 보고 놀라 헤드폰
을 벗는 지아. 경계하듯 바라본다. 막상 옆에 앉긴 했지만
무슨 말을 해야 할지 몰라 망설이는 선. 둘 사이, 어색한
정적이 흐른다. 눈치를 보던 선이 조심스레 말을 건넨다.

선　　　　왜 여기 혼자 있어……?

지아　　　…….

선　　　　……어제 우리 엄마 때문에 많이 불편했지?

지아　　　……아니야.

둘 사이, 다시 정적이 흐른다. 지아는 문득 선이 품에 안고
있는 찬합 도시락을 물끄러미 바라본다. 선이 지아의 시
선을 눈치채고 찬합을 바라본다.

선　　　　이거…… 우리 엄마가 너랑 같이 먹으라고 싸주신 건
　　　　　데…… 한번 먹어볼래?

조심스레 도시락을 꺼내는 선. 엄마가 정성스레 싸준 도

우리들

시락을 펼쳐 보인다. 물끄러미 바라보는 지아. 지아는 이
내 고개를 돌리고, 선은 지아에게 강요했나 싶어 미안해
진다.

선　　　　아…… 먹기 싫으면 안 먹어도 돼…….

조심스러워하는 선을 보며 망설이는 지아. 문득 김밥 하
나를 집어 든다. 조금 놀라는 선. 지아는 우물우물 천천
히 김밥을 먹고, 선도 그런 지아를 보자 조금 안심이 되는
지 같이 김밥을 집어 들어 먹는다. 우물우물 천천히 김밥
을 먹는 두 사람. 둘 사이, 대화는 없지만, 어쩐지 서로를
보는 눈빛이 점점 부드러워진다. 선이 입을 연다.

선　　　　근데…… 혹시 기분 안 좋은 일 있어?
지아　　　어……?
선　　　　아니…… 어제 그 일 때문에 그래?
지아　　　(뜨끔) 어제 일?
선　　　　내가 본 거 때문에…… 그런 거야?
지아　　　(움찔) 네가 뭘 봤는데?
선　　　　그게 아니라…… 있잖아…… 너희 아빠랑 그…….
지아　　　(점점 날이 선다) 우리 아빠랑 뭐?!
선　　　　(당황) 아니…… 그냥 신경 쓰지 말라고! 나 다른 애들한
　　　　　테 얘기 안 할 테니깐…….

지아   다른 애들한테 무슨 말을 하려고 그랬는데?!
선   그게 아니라…….
지아   할 말 있으면 똑바로 해!

당황해서 우물쭈물하는 선과 분노에 차오른 지아. 선과 지아 사이에 땐땐한 정적이 흐른다. 그때 멀리서 지아를 발견하고 다가오던 보라가 우뚝 멈춰 서서 소리친다. 움찔 놀라 돌아보는 지아. 선도 놀라 보라를 바라본다. 핫도그를 양손에 하나씩 든 보라. 지아랑 나눠 먹으려고 했던 모양이다.

보라   야! 한지아! 너 지금 뭐 하냐?! 너 진짜 어이없다…….

째려보던 보라가 핫도그를 둘 다 바닥에 홱 던지고 뒤돌아 가버린다. 당황한 지아가 "보라야!" 하고 부르며 자리에서 벌떡 일어난다. 그런데 그 바람에 잘못해 도시락들을 모두 바닥에 떨어트린다. 놀란 지아는 자리를 피하려 하고, 선이 그런 지아를 붙잡는다.

선   ……지아야! 그래도 오해는 풀고 가야지!
지아   오해는 무슨 오해? 너나 그런 식으로 오해하지 마! 진짜 기분 나빠! ……그러니까 네가 친구가 없는 거야! 알아?!

우리들

선을 노려보던 지아는 음식들을 그대로 밟고 보라에게 달
려가버린다. 우두커니 서서 멀어지는 지아를 멍하니 바라
보는 선. 함께 먹던 도시락이 지아 발에 밟혀 엉망이 되었
다. 돌처럼 굳어버린 선. 움직일 수가 없다.

44.　　　선의 집 ― 낮/내부

남매의 방. 거실에선 윤과 **연호(7세, 남)**가 레슬링을 하며 노
는 소리가 들려오고, 선은 책상에 숙제를 펼쳐놓은 채 가
만히 앉아 있다. 멍하고 혼란스러운 선. 소리가 시끄럽다.

선　　　(뒤돌아 아이들에게) ……야! 조용히 해! 아, 진짜…….

윤과 연호에게 괜한 화풀이를 하는 선. 문득 팔목의 실팔
찌에 시선이 간다. 슬픔과 절망에 잠긴 선은 실팔찌를 잡
아 뜯기 시작한다. 실들이 다 해지고, 올이 터져 나가도
록 뜯고 또 뜯는 선. 손목이 실에 배겨 아픈데도 계속 힘
을 주어 잡아 뜯다가, 결국 커터칼을 찾아 뚝 끊어버린다.
선은 끊어진 실팔찌를 보자 심장이 덜컹한다. 그런데 그
때, 거실에서 놀던 윤이 "아파~" 하며 비명을 지른다. 깜
짝 놀란 선이 뒤를 휙 돌아본다. 연호는 장난이랍시고 윤
에게 헤드록을 걸고 놔주지 않고, 윤은 괴로워하며 벗어

나려 발버둥 치고 있다. 둘이 싸우며 안방으로 향하는 모습을 가만히 노려보는 선. 절망은 곧 분노로 바뀌고, 선은 더 이상 참을 수 없는 기분이 된다. 벌떡 일어나는 선.

선   ……최연호! 너 윤이 안 놔?! ……너 진짜 죽을래?!

버럭 소리 지르며 쿵쾅쿵쾅 거실로 나가 안방으로 향하는 선. 안방에서 선이 연호를 몰아붙이는 소리가 들려오더니, 윤 대신 연호의 비명과 울음소리가 울려 퍼진다.

45.   **선의 집 — 오후/내부**

거실 식탁. 선과 윤과 엄마의 이른 저녁 시간. 엄마는 밥을 먹다 만 채 연호 엄마와 통화 중이다. 잘못한 얼굴로 입술을 깨물며 전전긍긍하는 선. 수저는 들고 있지만, 엄마의 눈치가 보여 밥은 거의 먹지 못했다. 목에 작은 반창고를 붙인 윤은 해맑게 웃고 있다.

엄마   (웃으며) ……네. 근데 우리 선이도 일부러 그런 게 아니라, 윤이가 연호랑 놀다가 목에 상처가 좀 크게 났거든요.

윤   (끼어든다) ……하나도 안 아픈데?

우리들

조용히 하라며 윤의 입을 막아버리는 엄마. 윤은 아무 생각이 없다.

엄마　　……그쵸. 애들끼리 놀다 보면 뭐 그럴 수 있죠. 근데 늘 우리 윤이만 일방적으로 당하니깐, 누나 입장에선 좀 속이 상하고 그랬나 봐요. ……응. 그리고 사실 연호가 말로 해서 듣는 스타일도 아니잖아요. (일부러 크게 웃는다) ……어머, 연호 엄마, 병원에서 자꾸 전화가 온다. 미안. ……나중에 다시 통화해요. 네. 들어가요.

겨우 전화를 끊는 엄마. 핸드폰을 슬쩍 던져놓고 한숨을 푹 쉰다.

엄마　　……이야, 애 두 번 혼냈다간 아주 그냥 경찰에 신고하겠다. (윤에게) 이윤! 너 이제 연호랑 놀지 마!

윤　　싫은데~ 놀 건데~

엄마　　(말 끊고) 시끄러! 얼른 먹기나 하셔. (장난감을 보고) 너 그리고 누가 밥 먹을 때 장난감 갖고 놀래? 얼른 갖다 놓고 와! 하나, 둘…….

윤은 마치 장난치는 양 장난감 박스를 갖고 방으로 뛰어 들어간다. 다시 한숨을 푹 쉬는 엄마. 눈치 보며 바라보던 선은 망설이다 용기 내어 입을 연다.

선   (기어들어 가는 목소리) 엄마…… 죄송해요…….

엄마   뭐가? (선을 보고) 그러지 마! 너 잘못한 거 하나도 없어!

선   (놀라서 엄마를 쳐다본다) ……?

엄마   ……그럼 누나가 돼 가지고, 동생이 당하고 있는데 그냥
         가만히 보고만 있어? ……잘했어! 신경 쓰지 마!

선이 움찔 놀란 눈으로 엄마를 빤히 쳐다본다. 엄마가 그
런 선을 바라보며 씩 웃는다. 문득 계란말이 하나를 집어
선의 밥 위에 올려주는 엄마.

엄마   자! 얼른 먹어. 이거 너 주려고 한 거야.

선   (당황스럽다) …….

엄마   (문득 시계를 보더니 방으로 윤을 데리러 간다) 윤아. 너 이제 거
         기서 놀고 있니? 너 이놈 시키……! 너 누가 여기서 놀
         래? 장난감 갖다 놓고 오라고 그랬잖아. 너 왜 이렇게 엄
         마 말을 안 들어? 할아버지 보러 안 갈 거야?

남매의 방에선 윤을 혼내는 엄마의 소리와 여전히 상관없
이 해맑게 노는 윤의 소리가 들려온다. 식탁에 혼자 남은
선. 혼날 줄 알았던 선은 엄마가 편을 들어주며 힘을 주자
되레 얼떨떨하다. 엄마가 올려준 계란말이를 물끄러미 바
라보는 선. 계란말이를 한꺼번에 입에 넣고 우물우물 씹
는다. 많은 생각이 오가는 얼굴이다.

우리들

체육 시간. 피구하는 반 아이들. 선은 평소와 다르게 조금 힘도 나고 기분이 좋아 보인다. 선은 초장에 지아에게 공을 맞아 아웃되지만, 그래도 기분이 썩 나쁘지 않다. 멍하니 서서 아이들을 구경하는 선. 피구를 잘하는 지아는 아이들이 패스하는 공을 받아 상대편 아이들을 맞히며 의욕적으로 나서다 공을 맞아 일찍 아웃된다. 공격수로 나간 지아는 보라를 부르며 콤비로 게임을 해보려 하지만, 보라는 딴청을 피우며 무시한다. 그러다 보라가 공을 받자, 이제 지아는 보라에게 공을 패스해 달라고 손을 흔든다. 그런데 보라는 지아에게 주지 않고 바로 상대 팀 아이들에게 던지거나, 다른 친구들에게만 패스한다. 그러기를 여러 번 반복하는 지아와 보라. 지아는 아무리 불러도 시선조차 주지 않는 보라가 점점 의아한 눈치다. 민망하고 멋쩍어 움직임이 적어지는 지아. 문득 선이 바라보자 괜히 흘겨보지만, 지아는 많이 풀 죽었고, 보라는 그런 지아를 은근히 째려보며 무시한다. 균열이 가기 시작한 둘 사이를 유심히 지켜보는 선. 뭔가 변화가 생길 것 같은 조짐이다.

47.　　　**초등학교, 교실 ― 오후/내부**

종례 시간. 가방을 싸서 책상 위에 올려놓은 아이들이 담임이 채점해서 나눠준 시험지를 들고 떠든다. 희비가 엇갈린 아이들은 서로 점수를 비교하고 난리다. 선도 시험지를 들고 있는데, 틀린 문제가 꽤 많고, 점수도 확 떨어졌다. 한숨이 나오는 선.

담임　　야야, 조용! 특히 요번에 점수 확 떨어진 친구들 있어. 내가 다 지켜보고 있다. 좀 더 노력하자.

담임 말에 뜨끔한 선. 자신도 모르게 고개를 푹 숙인다.

은주　　근데요, 이번 1등 누구예요?
태연　　야, 당연히 보라겠지.
은주　　(보라에게) 최보라! 너 몇 개 틀렸어?
보라　　몰라~

보라는 쑥스러운 척하지만 내심 기대하는 눈빛이다.

담임　　아…… 보라도 너무 잘했는데, 이번 1등은 우리 한지아 양이 차지했네. 올 백! 지아 전 학교에서 공부 좀 했나 봐! 새로 와서 적응하느라 힘들었을 텐데…….

우리들

담임의 말에 탄성을 자아내는 아이들. 선도 뒤돌아 슬쩍
지아와 보라를 바라본다. 지아는 아이들에 둘러싸여 신
났고, 보라는 그런 지아를 보고 안색이 어두워졌다.

은주   야, 너 전 학교에서 몇 등 했어?

태연   됐고, 일단 분식집에 있는 것 다 사줘!

은주   (빵 터진다) 넌 맨날 먹는 것만 생각하냐?

지아   (기분은 좋아 보라를 돌아본다) 보라야, 얘네 왜 이러냐?

보라   (떨떠름하다) 뭐⋯⋯.

시선을 피하는 보라. 지아도 민망해서 고개를 돌리자, 보
라가 다시 지아를 노려본다.

담임   자, 조용! 아무튼 보라도 잘했으니깐 너무 속상해하지
말고! 1등이 중요한 게 아니라, 노력하는 게 중요한 거
야! 알지?

아이들   네⋯⋯.

담임   그래, 그건 그렇고! 니네 시험지 부모님한테 사인 받아
와야 된다. 가짜 사인은 선생님이 다 알아. 알지?

'부모님 사인'이란 말에 아우성을 치는 아이들의 소리가
점점 커진다. 보라와 지아를 돌아보며 생각에 잠겼던 선
도 당황해 망연해진다.

48.　　　　**학원, 계단 ― 오후/내부**

엄마가 선과 윤을 데리고 계단을 오른다. 계속 안 가겠다
고 버티는 선. 초조한 얼굴로 엄마를 붙들고 애걸복걸하
는데, 윤은 좋다고 학원 입구로 먼저 올라가 버린다.

선　　　　엄마…… 제발요…….

엄마　　　아유, 얘가 왜 이래.

선　　　　저 이제 진짜 공부 열심히 할게요!

엄마　　　아유! 엄마 빨리 끝내고 다시 가게 들어가봐야 된다
　　　　　니깐!

선　　　　아니…… (보다 강경하게) 그럼 윤이는 누가 봐요?

엄마　　　윤이는 엄마랑 가게에 있음 되지.

선　　　　엄마 힘들잖아요…….

엄마　　　괜찮거든요~

선　　　　아니…….

엄마　　　야! 지아랑 친구들 다 다닌다며? 그냥 친구들이랑 논다
　　　　　고 생각하고 다녀.

엄마는 혼자서라도 학원으로 올라가려 한다. 선이 마지막
인 듯 엄마 손을 꽉 붙든다.

선　　　　아…… 여기 되게 비싼 덴데!

우리들

엄마   야! 네가 왜 자꾸 돈 걱정 해?! 엄마 진짜 화낸다!

       엄마가 버럭하자 움찔하는 선. 더 이상 아무 말도 할 수
       없다.

49.   **학원, 원장실/로비 — 오후/내부**

       텅 빈 학원. 원장실 문이 활짝 열려 있다. 엄마와 학원의
       원장(30대, 남)이 마주 보고 앉아 이야기를 나누고, 선은
       불만 가득한 얼굴로 뒤편에 앉아 영어 교재를 펼쳐보고
       있다. 복도에서 놀던 윤이 그런 선을 놀리듯 메롱~ 하더
       니 혼자 어디론가 가버린다.

원장   ……아휴, 그럼 진짜 잘 오셨네요. 지금보다 늦어지면 나
       중엔 진짜 늦거든요. (웃음) 지금부터 조금씩 기초 잡으
       면서 선행 과정 들어가면, 금방 다른 친구들 잡을 수 있
       어요!
엄마   네, 안 그래도 애 친구들도 여기 다닌다고 해서요.
원장   친구 누구요?
엄마   지아라고, 선이랑 같은 반인데…….
원장   아, 지아 잘 알죠! 워낙 잘하는 친구라 애들한테 자극도
       많이 되고요. (선에게) 그럼 보라나 민철이 같은 친구도 잘

알아?

원장의 질문에 당황한 선. 말없이 움찔 놀라 쳐다보기만
한다. 엄마가 대신 답한다.

엄마   보라는 1학년 때 같은 반이라 되게 친했어요. (웃음) 보라
        도 여기 다녀요?
원장   네. 그럼…… (전화벨이 울린다) 아! 잠시만요……!

원장이 전화를 받는다.

원장   (전화를 받는다) 여보세요. 네, 어머님. ……네네. 방금 전
        에 온 거 봤어요. 어떻게 자율까지 꼬박꼬박 나오고, 진
        짜 의지가 대단해요. ……네. (심각해진다) ……아, 그랬
        구나…….

원장이 통화하자 선을 향해 뒤돌아 미소 짓는 엄마. 선은
더욱 깊은 한숨이 난다.

엄마   (웃으며) 선아, 재밌겠다. 그치?
선   (한숨만 나온다) …….
엄마   ……근데 윤이는?
선   (뒤를 돌아보니 복도에 있던 윤이 사라졌다) 잘 모르겠는데…….

우리들

엄마   윤이 좀 찾아봐. 학원 구경도 할 겸. 응?

            엄마의 반강제적 회유에 결국 일어나는 선. 엄마는 원장
            실을 빠져나가는 선의 엉덩이를 토닥토닥 두들기지만, 선
            은 기분이 영 나아지지 않는다. 복도로 나오는 선.

원장   ……네, 그럼요. 근데 보라는 워낙 성실하고, 자기 의지
            도 강해서…….

            교실에 난 창들을 살피며 복도를 돌아다니는 선. 이내 코
            너를 돌아 사라진다. 선이 사라진 후에도, 원장의 통화 목
            소리가 로비에 울려 퍼진다.

50.   학원, 복도/교실 ― 오후/내부

            빈 교실. 윤을 찾던 선이 문에 난 창으로 조심스레 얼굴을
            내민다. 안이 잘 보이지 않자 이내 슬며시 문을 여는 선.
            그런데 교실 한가운데, 보라가 책상에 엎드려 엉엉 울고
            있다. 놀라서 걸음을 멈추는 선. 보라도 인기척에 놀라 눈
            물 콧물이 범벅인 얼굴을 든다. 선을 보고 깜짝 놀라는 보
            라. 창피함에 절로 시선을 떨군다. 두 사람 사이, 어색한
            정적이 흐른다. 보라는 창피해 고개를 들 수 없고, 선도 그

런 보라를 두고 그대로 나갈 수 없다. 오래도록 보라를 바라보던 선이 슬그머니 보라에게 다가간다. 주머니에서 작은 손수건을 꺼내 보라 앞에 내미는 선. 놀란 보라는 고개를 들어 선을 쳐다보고, 선은 그런 보라를 말없이 바라본다. 서로를 바라보는 둘 사이, 미묘한 정적이 흐른다.

51.　　　선의 집 — 밤/내부

남매의 방. 바닥에 엎드려 보라가 준 매니큐어를 바르는 선. 윤이 이를 구경하며 자꾸 귀찮게 한다. 활짝 열린 방문 너머로는 식탁에 앉은 엄마 아빠의 이야기 소리가 들려온다. 김밥 재료를 손질하는 엄마. 아빠는 재료를 안주 삼아 소주를 마시며 가계부를 들춰본다. 선은 자꾸만 매니큐어가 엇나가 속상한데, 윤이는 속도 모르고 계속 조른다.

윤	누나, 나도 해줘.
선	안 돼. 이거 친구가 빌려준 거란 말이야.
윤	(선이 칠하지 못하게 붙잡는다) 아, 해줘!
선	아휴, 진짜⋯⋯.

하는 수 없이 윤의 손을 붙잡고 매니큐어를 칠해주는 선.

실눈만큼 칠해주고는 다시 자기 손톱에 바른다. 윤은 그 런 누나가 얄미워 방해하려 한다.

아빠   ······근데 뭐가 이렇게 많이 나가? 아직 앤데 이걸 꼭 해 야 돼?

엄마   당신이 뭘 알아. 선이는 이미 늦었네~ 친구들은 중학교 영어 배운다던데······.

아빠   참······.

엄마   맞다! 저번에 애들이랑 아버님한테 다녀왔는데, 아버님 이 애들 보고······.

아빠   (수저를 쾅 내려놓으며) 당신 진짜······! 거길 왜 자꾸 가?!

아빠의 호통에 깜짝 놀란 선과 윤. 빼꼼 고개를 내밀고 거 실을 바라본다. 아빠의 갑작스러운 짜증에 엄마도 같이 화가 났다.

엄마   그럼 어떡해! 계속 보고 싶다 전화하시는데.

아빠   (말없이 술병을 집어 든다) ······.

엄마   아우, 선이 아빠! 좀! (술병을 뺏어 간다) 그만 좀 마셔!

아빠   (중얼중얼) 당신이 뭘 아나······. 그 사람이 우리한테 어떻 게 했는데······.

엄마   내가 왜 몰라. 당신 술만 마시면 그 소린데······.

아빠   ······.

| 엄마 | 선이 아빠. 그냥…… 아버님 만나서 얘기로 풀어보는 건 어때……? |

다시 아빠를 타이르는 엄마. 아빠는 곰곰이 생각에 잠기는 듯하다. 선은 그 모습을 물끄러미 바라보고 있는데, 어느새 윤이 선의 손에 들린 매니큐어를 홱 뺏어 일어난다. 깜짝 놀라는 선. 윤을 쫓아 일어나 붙잡으려 난리를 친다. 윤은 곧 붙잡힐 것 같자 이내 매니큐어를 바닥에 홱 던지고 책상 밑으로 숨어버린다. 바닥에 쏟아진 매니큐어를 보고 사색이 된 선. 이미 수습은 불가능하다.

52. 초등학교, 교실 — 오후/내부

쉬는 시간. 지아는 자리에 없고, 보라와 은주, 태연이 모여 신나게 지아 험담을 하고 있다. 옆에서 서성이던 선이 보라에게 매니큐어를 내민다. 선의 손톱엔 어울리지 않는 색의 매니큐어가 삐뚤빼뚤 칠해져 있고, 보라의 매니큐어는 다 쏟아져 엉망이 돼버렸다.

| 선 | 보라야……. 이거 잘 썼어. 근데 동생이 좀 쏟아서…… 미안. |
| 보라 | 아…… 괜찮아. 그냥 너 가져. |

우리들

| 선 | (당황) 어?! 아니, 그게 아니고…… 이거 네가 아끼는 거 잖아. |
| 보라 | 나 필요 없다고. 그냥 너 가져. |

당황한 선이 할 말을 찾는 사이, 보라는 고개를 돌려 다시 아이들과 험담을 나눈다. 무시당한 선은 마음이 상해 한 동안 보라를 바라보지만, 보라는 눈길조차 주지 않는다.

보라	암튼 장난 아니지 않냐?
은주	그러니깐. 왜 그런 애가 우리 반에 왔냐고. 짜증 나.
보라	내가 말했지? 나 한지아 원래부터 싫었다고.
은주	(웃음 터진다) 뭐래니.
태연	(같이 웃는다) 지가 제일 좋아했으면서.

어정쩡하게 서서 지켜보던 선은 결국 자리로 어물쩍 돌아 간다. 선은 자신을 모른 척하는 보라 때문에, 또 보라와 아이들의 험담을 듣느라 점점 마음이 복잡해진다.

| 보라 | 그리고 이선이 그러는데, 이선네 엄마가 한지아 먹으라 고 음식 해줬는데, 한지아가 그거 먹기 싫다고 다 버렸 대. (선을 향해) 그치, 이선? |

자기 이름이 나오자 움찔해 가만히 듣던 선은, 보라가 부

르자 당황해 뒤돌아본다.

선	(놀란다) ……어?
보라	너가 그랬잖아. 한지아가 니네 엄마 음식 다 버렸다며.
선	(눈치가 보인다) 아니…… 지아가 다 버렸다는 게 아니고…….
은주	헐, 한지아 왜 남의 엄마가 해준 음식을 버리냐.
보라	그러니깐. 완전 어이없지?
태연	나 그런 스타일 진짜 싫어. 그리고 지네 엄마 영국에서 일하는 게 뭐가 대단하다고 맨날 그 얘기냐.
은주	맞아. 대단하다고 생각하면 지가 영국 가서 살든지, 왜 우리 반에 왔냐.
보라	그럼 영국이 너무 불쌍하잖아!
태연	(빵 터진다) 아, 뭐야. 완전 웃겨.

이야기를 곡해하는 보라 때문에 마음이 찜찜한 선. 하지만 이러지도 저러지도 못하고 그저 아이들을 지켜만 본다. 그런데 그때, 지아가 손을 탈탈 털며 교실로 들어온다. 지아를 보고 움찔 놀라는 선. 지아가 무리를 노려보며 다가오자, 보라 무리는 자기들끼리 속닥거리더니 자리에서 스윽 일어난다. 지켜보는 선.

보라	(일어나며) 야, 무슨 이상한 냄새 나는 것 같지 않냐?

우리들

| 은주 | 화장실 갔다 와서 냄새난다는 게 약간…… 똥……?! |
| 보라 | 쟤 손 안 씻고 다니나 봐~ |

냄새 이야기에 입을 꾹 다물고 표정도 어두워진 선. 보라 무리는 자기들끼리 장난치고 킥킥 웃으며 나가고, 지아는 애써 모른 척하며 애꿏은 서랍만 쑤셔댄다. 아이들이 빠져나간 자리에 홀로 앉은 지아를 바라보는 선. 문득 헤드폰을 꺼내던 지아와 눈이 마주치지만, 왠지 찔려 먼저 시선을 피해버린다. 마음이 더욱 착잡해지는 선.

53.　　　시장, 엄마 분식집 — 오후/내부

어깨에 힘이 쭉 빠져 터덜터덜 분식집으로 걸어오는 선. 가게로 들어서자마자, 선은 뜨끔 놀란 얼굴이 되어 멈춰 선다. 엄마와 마주 보고 얘기하던 지아 할머니가 뒤돌아 선을 보고 밝게 웃는다. 테이블 위엔 지아 할머니를 주려고 포장한 김밥이 봉지에 싸여 있다.

엄마	선이 왔어?
지아 할머니	(웃음) 어, 선이 왔구나.
선	아…… 안녕하세요…….
엄마	학원은? 재밌었어?

선	네…….
지아 할머니	지아는? 곧바로 집에 갔니?
선	(흠칫 돌아보며) 아…… 지아 오늘 학원 안 왔어요…….
지아 할머니	뭐? 아휴, 또 땡땡이쳤구나.
엄마	(웃는다) 그럴 수도 있죠. 그래도 지아는 잘하잖아요.

선은 책가방을 옆 테이블에 올려놓으며 의식적으로 지아 할머니에게서 등을 돌린다. 지아 할머니는 걱정을 담은 목소리로 선에게 묻는다.

지아 할머니	선이야. 요즘 지아 학교에서 별일 없니?
선	(뜨끔) 네. 왜요?
지아 할머니	그냥…… 잘 지내나 해서…….
엄마	왜요? 무슨 일 있어요?
지아 할머니	아니, 애가 어째 요즘 계속 기분이 안 좋고, 우울하고, 그러더라고.
엄마	요즘 애들 다 그래요. 사춘기도 빨리 오잖아요.

당황한 선은 옆에 있는 게 뻘쭘해 개수대로 향한다. 괜히 엄마가 설거지해둔 수저통을 들고 행주로 수저들을 닦는 선. 그러면서 조심스레 어른들의 대화를 엿듣는다.

지아 할머니	아니, 친구들이 또 저거 할까 봐 그러지.

우리들

엄마   친구들이요……?

지아 할머니   전에 학교에서 애가 친구들한테 너무 시달렸거든. 왕따
             같은 거 있잖아.

엄마   (놀란다) 어머, 그래요?

지아 할머니   왜, 부모 이혼했다고 놀려대는 애들 있잖아. 아주 말도
             못 했어. 학교 안 간다고 난리 치는 걸, 내가 애비랑…….

엄마   (안타깝다) 아휴…….

지아 할머니   이래서 애는 어떻든 부모가 키워야 되는 건데…….

             뜨끔 놀라는 선. 뒤를 돌아봤다가 들킬까 봐 다시 고개를
             돌린다. 잔뜩 긴장해 듣는 선.

엄마   뭐 어떡하겠어요……. 엄만 외국 가 계시고, 아빠 바쁘
             시고…….

지아 할머니   ……외국? 걔가 무슨 외국을 가!

엄마   (헷갈린다) ……?

지아 할머니   걔는 지척에 살면서 지 바쁘다는 핑계로 애한테 전화 한
             번도 안 하고…… (생각하기 싫다) 아휴, 몰라. 암튼 이번엔
             별일 없어야 되는데…….

             크게 놀란 선이 다시 한번 뒤돌아 지아 할머니와 엄마를
             바라본다. 어른들은 수다에 정신이 없는데, 선은 지아의
             거짓말에 깊은 충격에 휩싸여 그대로 얼어붙는다.

엄마	너무 걱정하지 마세요. 지아는 그래도 밝잖아요.
지아 할머니	(조금 안심한다) 그치? 별일 없겠지……?
엄마	아휴, 그럼요.

다시 유쾌하게 웃으며 '요즘 아이들'에 대해 수다를 이어가는 지아 할머니와 엄마. 선은 그대로 멍하니 수저 앞에 서서 깊은 고민에 빠져든다.

54.   **선의 집 ― 밤/내부**

모두가 잠든 밤. 고요한 남매의 방. 이부자리에 누운 선은 깊은 고민에 빠져 있다. 한숨이 절로 나오는 선. 문득 고개를 돌려 잠든 윤의 얼굴을 바라본다. 천진한 얼굴로 깊은 잠에 빠진 윤의 이마엔 연호에 의한 상처인 듯, 귀여운 대일밴드가 붙어 있다. 이마의 밴드를 조심스레 매만지는 선. 아무래도 잠은 오지 않고, 고민만 깊어진다.

55.   **학원, 교실 ― 오후/내부**

아직 아이들이 오지 않은 빈 교실. 보라와 선, 그 사이에 다른 친구 한 명이 앉아 있다. 문제집에 코를 박고 풀고 있

우리들

는 보라. 맞은편에 앉은 선은 보라에게 할 말이 있는 듯 쳐다보지만, 옆 친구의 눈치가 보여 망설인다. 그러다 문득 친구의 핸드폰이 울리고, 친구는 전화를 받으며 나간다. 한참을 망설이며 고민하던 선이 용기를 낸다. 조심스레 보라에게 말을 건네는 선.

선   보라야.

보라   ……응?

선   있잖아…… 내가 얘기한 거…… 다른 애들한테 얘기 안 하면 안 돼?

보라   (문제 푸느라 정신없어 고개도 들지 않는다) ……뭔 얘기?

선   그거 있잖아…… 한지아…….

보라   한지아……?

선   으응……. 내가 너한테만 얘기해준 건데, 다른 애들한테 그렇게 얘기하면 어떡해…….

보라   (뜨끔한다) 그럼 애초에 나한테 말하지 말든가…….

선   근데…… 그렇게 대놓고 얘기하는 건 좀 심한 것 같아…….

보라   (화난다) 이선. 너 왜 자꾸 혼자 착한 척이야?

선   (당황) 아니…… 그게 아니라…….

보라   네가 먼저 말해놓고 왜 나한테 뭐라고 해?

선   아니, 나는 그게…….

보라   넌 항상 그러더라! 왜 맨날 나만 나쁜 사람 만들어?!

선   …….

보라   진짜…… 지 일도 아니면서…….

보라는 선을 빤히 노려보다 다시 문제집 풀이에 몰두한다.
민망해진 선은 더 이상 아무 말도 하지 못하고 그저 보라
를 물끄러미 바라보다 고개를 숙인다. 한숨이 푹 나온다.

56.   초등학교, 운동장 수돗가 — 오후/외부

체육 시간 후. 선이 수돗가에서 손을 씻는다. 고민에 잠긴
듯한 선. 잠시 후 지아도 다가와 손을 씻는다. 둘 사이에서
손을 씻던 아이가 빠지자, 선과 지아만 남는다. 지아를 보
고 흠칫 놀라는 선. 지아도 선을 보고 움찔하지만 말없이
손을 씻는다. 둘 사이, 묘한 긴장이 흐른다. 그러다 선은
문득 지아의 손목에 채워진 실팔찌를 발견한다. 분명 선
이 선물했던 그 팔찌다. 지아를 물끄러미 바라보는 선. 용
기를 내어 말을 건넨다.

선   그거 아직 하고 있네……?

지아   (못 들은 척) …….

선   아니…… 그 팔찌 내가 준 거잖아…….

지아   (짜증) 근데 뭐?

우리들

선   (당황) 어? 아, 그냥…… 왜 아직 하고 있냐고…….

지아   (버럭) 왜? 하면 안 돼?

선   아니, 그게 아니고…….

지아   그럼 어쩌라고? 뭐, 다시 달라고?

선   아니…… 그냥 물어본 거잖아.

지아   (화낸다) 그러니깐! 왜 물어보냐고?!

선   (같이 화난다) 왜 갑자기 화를 내?

지아   넌 왜 갑자기 친한 척인데?!

서로를 빤히 바라보는 선과 지아. 미묘한 정적이 흐른다.
그런데 그때, 지아의 뒤를 지나던 보라와 은주, 태연이 둘
의 모습을 본다. 자기들끼리 킥킥거리며 가는 아이들.

은주   야야, 쟤네 뭐 하냐.

태연   몰라. 끼리끼리 잘 어울리네.

보라   나 한지아 저럴 줄 알았어. 그러게 그냥 찌질이끼리 놀
지. 왜 애초에 우리한테 달라붙어서.

은주   맞아. 진짜 재수 없어.

보라의 거친 말에 상처받은 지아가 선을 노려본다. 당황
한 선도 지아를 쳐다본다. 땐땐한 사이, 화난 지아가 손에
서 실팔찌를 뜯어내 선에게 휙 던져버린다.

지아   ……너 다시 가져, 그럼!

쿵쿵 발소리를 내며 계단을 올라가는 지아. 선은 수돗가
에 혼자 남겨진다. 멀어지는 지아를 망연히 바라본다.

57.   선의 집 — 오후/내부

거실. 조용한 집 안에 풀벌레 소리가 가득 울려 퍼진다.
혼자 생각에 잠긴 선. 지아가 수돗가에서 버리고 간 실팔
찌를 이리저리 매만진다. 선의 손톱엔 반쯤 남은 봉숭아
물과 벗겨질 대로 벗겨진 매니큐어가 뒤섞여 있다. 깊은
고민에 빠진 선. 이럴 게 아니었는데, 자꾸 마음과 다르게
꼬여가는 상황을 어찌할지 모르겠다.

58.   학원, 교실 — 오후/내부

수업 시작 전. 막 교실로 들어온 선은 한창 말싸움 중인
지아와 보라를 보고 당황해 멈칫한다. 눈치를 보며 조심
스레 자리로 가서 책가방을 올려놓는 선. 싸움은 이미 한
창 진행 중이고, 다른 아이들은 신나서 둘을 둘러싸고 구
경한다.

우리들

보라	솔직히 말해! 네가 가지고 갔잖아!
지아	진짜 아니라고!
보라	네가 가져갔으니까 네 자리에 있는 거 아냐?
지아	아니거든?!
보라	……네가 이거 예쁘다고 가지고 싶다고 했었잖아, 나한테!
지아	야! 누군 돈 없는 줄 알아? 내가 너보다 용돈 더 많거든?
보라	아무튼 네가 가져간 거 맞잖아. 그냥 사과하고 끝내. 기분 더럽게 하지 말고!
지아	내가 왜 사과를 해? 사과할 게 없는데!
보라	그냥 솔직히 말해. 네가 가져갔잖아!

보라는 뭔가 확신하는 눈치고, 지아는 억울해 죽겠는 얼굴로 지지 않고 맞받아친다. 무슨 영문인지 몰라 우물쭈물 지켜보는 선. 조마조마하다.

지아	(폭발) ……그러니까 넌 지금 내가 훔쳤다는 거야?
보라	그래! 네가 훔쳤잖아!
지아	(억울해 죽겠다) 나 안 훔쳤어!
보라	야. 내가 솔직히 이런 말까진 안 하려고 했는데, 너 전에 문방구에서 색연필도 훔쳤다며?
지아	(뜨끔한다) 뭐? ……누가 그래?!
보라	내가 다 들었거든? 왜? 찔리냐? 그래 놓고 지 거라

고…….

보라의 비밀 폭로에 아이들이 수군거린다. 뜨끔한 선은 어찌할 바를 몰라 지아의 눈치를 보고, 지아는 질책하듯 선을 노려본다.

보라   (의기양양) 뭐, 색연필도 훔치는데 이 정도는 아무것도 아니겠지. 너 돈 많다며? 그냥 사. 이 펜 얼마 안 하거든?!
지아   아…… 나 진짜 아니라고……!
보라   끝까지 거짓말할래? 너 진짜 최악이다…….

웅성거리는 아이들 속에서 보라는 더욱 강하게 지아를 몰아붙인다. 지아도 지지 않고 맞붙지만 이미 대세가 보라로 기울었다. 둘의 싸움을 가만히 지켜볼 수밖에 없는 선. 심장이 터질 것 같다.

59.   동네, 삼거리 육교 — 저녁/외부

육교 위. 선이 엄마 핸드폰으로 아빠와 통화하며 간다.

선   (답답하다) ……지금 어디시냐고요. ……아니, 치킨집에 계신다고 하셨잖아요. 그러니깐 정확히 지금…… (아빠를

우리들

발견했다) ……아, 아빠!

그때, 선이 육교 한복판에 술에 취해 앉아 있는 아빠를 발견한다. 깜짝 놀란 선이 아빠를 향해 달려간다. 아빠는 선을 보고 반가워하는데, 선은 아빠가 창피하다. 지나가는 행인들의 눈치를 보며, 술 취한 아빠를 일으키려는 선.

선	아빠, 빨리 가요.
아빠	(술주정) 이야, 우리 딸 왔어! 엄마는 어디 갔어?
선	엄마 손님 많아서 제가 대신 온다고 그랬잖아요! 빨리 가요.
아빠	그렇지. 우리 혜숙 씨는 아빠 때문에 아주 고생이 많지……. 그래, 가자. 우리 집으로…….

선의 부추김에 간신히 일어나는 아빠. 선은 아빠 옷에 묻은 흙을 털어내며 챙기지만, 술에 취한 아빠는 비틀거리며 정신 못 차린다. 그런데 그때, 아빠가 갑자기 맞은편에서 다가오던 누군가를 발견하고 탄성을 지른다. 혼자 중얼거리며 앞으로 걸어가는 아빠.

아빠	어어? 이게 누구야! 너…… 선이 친구 맞지? 그치? (웃음) 가만있어 보자. 아저씨가…… 네 이름이…….

뜨끔 놀라 멈춰 서는 선. 아빠는 성큼성큼 지아에게 다가가고, 책가방을 멘 채 헤드폰을 끼고 오던 지아는 뒤늦게 선 아빠를 보고 당황한다. 놀란 선이 아빠를 쫓아간다.

아빠 ······지아! 맞지? <u>흐흐</u>······ (웃음)

지아 (떨떠름하다) 네······.

아빠를 붙드는 선. 아빠는 잔뜩 취해 지아를 향해 활짝 웃지만, 지아는 뻣뻣하게 굳어 선 아빠와 선을 빤히 쳐다본다. 더욱 민망해진 선은 시선을 피한다.

아빠 지아 오랜만이네. (웃음) 너 임마, 여름에 아저씨가 화채 만들어 줬잖아. 기억나? <u>흐흐</u>······. (웃음)

선 (붙들고 가자고 조른다) 아빠, 좀······.

아빠 알았어~ (지아에게) 다음에 또 놀러 와. 더 맛있는 거 해줄게. 응? (지아 머리를 쓰다듬으며) 잘 가라. 자식······.

지아의 머리를 쓰다듬다 헝클어트리는 아빠. 지아는 썩은 얼굴로 머리를 쓸어 올린다. 선은 간신히 아빠를 데리고 그 자리를 빠져나간다. 걸어가며 아빠를 타박하는 선.

선 아빠 진짜······.

아빠 넌 임마! 친구한테 인사도 제대로 안 하고 말이야······

우리들

(혼자 주정 부린다) ……좀 잘해, 임마. 그러다 나중에 진짜 후회하는 거야. 인생이 얼마나…… 응? 막 정신이 없다고, 이게…… 눈 깜짝할 새에 말이야, 시간이 그냥…… 응?

혼자 주정을 하며 비틀비틀 걸어가는 아빠. 선은 아빠와 함께 가다가 문득 멈춰 서서 지아를 돌아본다. 지아는 어느새 저만치 다른 길로 홀로 걸어가고 있다. 헤드폰을 쓰다 문득 뒤돌아 선을 보는 지아. 선과 눈이 마주치자 잠시 바라보더니, 이내 고개를 돌리고 홀로 외로이 사라진다. 선은 그 자리에 우두커니 서서, 그렇게 사라지는 지아의 뒷모습을 오래도록 물끄러미 바라본다.

60.　　　선의 집 ― 밤/내부

한밤중. 식구들은 모두 잠들었고, 선 혼자 잠옷 바람으로 베란다 앞에 앉아 있다. 꽃이 모두 지고 줄기와 이파리만 남은 봉숭아꽃 화분을 멍하니 바라보는 선. 깊은 생각에 잠겨 있다. 그러다 문득 자기 손톱을 들여다보는 선. 손톱엔 조금 남은 붉은 봉숭아 물과 보라에게 빌려 발랐던 하늘색 매니큐어가 어지러이 뒤섞여 있다. 손톱을 보니 마음이 더욱 착잡한 선. 다시 무릎을 모으고, 오래도록 봉숭아 화분을 바라보고 또 바라본다.

(시간 경과)

남매의 방. 선 책상의 스탠드 불이 탁, 켜진다. 실팔찌 재료를 담아놓은 작은 상자를 물끄러미 바라보는 선. 조심스레 뚜껑을 열고, 색색의 고운 실들을 꺼내 본다. 실들을 바라보며 깊은 생각에 잠기는 선. 어떤 실팔찌를 만들까 곰곰이 고민해본다.

61.　　　　**초등학교, 복도/교실 — 오전/내부**

등교 시간. 복도. 책가방을 메고 교실로 향하는 선. 손에는 똑같은 모양의 실팔찌 두 개가 쌍둥이처럼 나란히 들려 있다. 조금 긴장한 선은 용기를 내려 애쓰는 듯 입술을 앙다물고는 천천히 교실로 향한다. 어느새 교실 문 앞에 다다른 선. 그런데 그때, 지아가 교실 밖으로 나가다 선을 보고 움찔 놀라 선다. 교실 앞문 앞에 나란히 마주 보고 선 지아와 선. 둘 사이 미묘한 정적이 흐르고, 지아는 이내 자리를 피하려 하지만, 선이 지아를 살짝 가로막는다. 선은 애써 용기 내어 말을 건넨다.

선　　　　아…… 지아야!

우리들

| 지아 | (찔린다) ……난 사실대로 말했다? |
| 선 | (무슨 말인지 모르겠다) ……어? |

알 수 없는 말을 하고는 그대로 걸어가 버리는 지아. 선은 그런 지아를 그저 바라볼 수밖에 없다. 복도 끝으로 사라지는 지아를 오래도록 바라보다 한숨을 푹 쉬며 고개를 돌리는 선. 선이 교실로 들어오자, 칠판 앞에서 무리와 장난치며 놀던 보라가 선을 보고 당황한다. 보라는 낙서하던 은주와 태연을 붙잡고 모른 척 교실 뒤편으로 빠져나간다. 선을 보고 킬킬 웃는 보라 무리. 선은 무슨 영문인지 몰라 빤히 바라보다 한숨을 쉬며 자리로 들어가 앉는다. 책가방을 내려놓은 선. 여전히 손에 들린 실팔찌 두 개를 보고 깊은 한숨을 푹 내쉰다. 그러다 문득 고개를 들어 칠판을 보는데, 선의 얼굴이 하얗게 질린다. 칠판의 무언가를 보고 당황한 선. 사색이 된 선 주위로 반 아이들의 수군거리는 소리가 점차 크게 들려온다. 선은 점점 눈치가 보이고 숨도 거칠어진다.

아이1	야, 이선 어떡해. 완전 불쌍하다.
아이2	뭐가 불쌍하냐. 그 아빠에 그 자식이지.
아이3	근데 저거 진짜야?
아이1	어. 한지아가 다 봤대. 완전 장난 아니었대.

더 이상 참을 수 없는 선이 자리를 홱 박차고 씩씩거리며 칠판으로 향한다. 칠판엔,

우리 반 촌년 아빠 알코올중독자 ㅋㅋㅋ 어쩐지~ 처음부터 알아봄
○○ 아빠 알코올중독자래요 (정답 : 이선 ㅋㅋㅋ)
대박 사건! 알코올중독자 딸이 우리 반에 있다! 초성 힌트 줄까 말까

같은 낙서와 함께 술병이며 장난스러운 그림들이 가득 그려져 있다. 칠판지우개를 거칠게 낚아채고는 낙서들을 박박 지우는 선. 충격에 휩싸인 선은 마치 손이 부러질 듯 세차게 칠판을 지운다. 낙서를 지우는 선 뒤로, 놀란 아이들의 소리가 끊임없이 들려온다.

아이4	완전 열받았나 봐. 장난 아니다.
아이2	야, 이선. 니네 아빠 진짜 알코올중독자냐?
아이1	하지 마, 좀.
아이3	왜~ 진짜니까 지우는 거 아냐?
아이2	그러니깐. 지가 찔리니까 지우는 거겠지.

칠판을 다 지운 선이 그 자리에 멈춰 선다. 아이들의 수군거림은 점점 커지는데, 충격에 휩싸인 선은 그 자리에서

우리들

한 발자국도 움직일 수가 없다. 분노와 절망으로 점점 호흡이 가빠지는 선. 멘붕이다.

62.   **선의 집 — 밤/내부**

거실. 거의 풀지 못한 시험지를 식탁 위에 두고 엄마와 선이 마주 보고 앉았다. 선은 잔뜩 화난 사람처럼 입을 앙다물고 있다. 걱정스러운 눈빛으로 선을 바라보는 엄마.

엄마   선아, 이거…… 정말 다 모르는 문제였어?

선   …….

엄마   아니잖아…… 응? 왜 그랬어?

선   …….

엄마   너 오늘 학교에서도 종일 누워 있었다며……. 선생님한테 전화 왔었어.

선   (움찔 놀란다) …….

엄마   무슨 일인지 얘길 해줘야, 엄마가 알지. 응? (달래듯) …… 선아?

다정한 엄마의 말에 마음이 조금 흔들리는 듯한 선. 그때, 현관문이 열리고 아빠가 들어온다. 막 퇴근한 아빠의 손엔 소주병이 담긴 비닐봉지가 들려 있다.

엄마   왔어?

아빠   응. ……왜 그래? 뭔 일 있어?

엄마   몰라…….

엄마는 다시 걱정스레 선을 쳐다본다. 아빠는 식탁에 무심히 소주병을 올려놓고 부엌에 가서 냄비를 들춰본다. 문득 소주병에 시선이 가는 선. 화가 치솟는다.

아빠   찌개 남은 것 좀 없어……?

엄마   (한숨) 여태까지 밥도 안 먹고 뭐 했어. (부엌으로 가며) 비켜. 내가 할게.

아빠   공장에 기계가 고장 났는데, 고칠 사람도 없고……. (자리에 앉으며) 아휴, 죽겠다.

엄마가 비운 자리에 털썩 앉는 아빠. 엄마는 아빠에게 줄 찌개를 끓이고, 아빠는 문득 식탁 중앙에 놓인 선의 시험지를 들고 훑어본다. 선이 아빠를 힐끔 본다.

아빠   (놀란다) 뭐야…… 학원도 다닌다며?

엄마   모르겠어. 뭔 일 있는 것 같은데 통 말을 안 하네.

아빠   애들이 일이 있을 게 뭐가 있어? 학교 가고, 공부하고, 친구들하고 놀고, 뭐 그럼 되는 거지.

우 리 들

중얼중얼 혼잣말을 하며 소주병을 따는 아빠. 소주를 컵
에 따르려 한다. 선은 그런 아빠를 분노에 차서 노려본다.
선의 시선을 눈치챈 아빠가 선을 힐끔 본다.

아빠   ……왜? 무슨 일인데?

그런데 그때, 화가 폭발한 선이 벌떡 일어나 아빠의 소주
병을 확 낚아챈다.

선   아빠가 문제야! 아빠 알코올중독자잖아!
아빠   (충격) 이선……!
엄마   (놀랐다) 선아……!

빼앗은 소주병을 들고 그대로 싱크대로 돌진하는 선. 그
런데 병을 과격하게 내려놓다 그만 그릇들과 부딪혀 병을
깨트려 버린다. 쨍그랑, 하는 소리와 함께 "아야!" 하는 신
음을 내뱉는 선. 깨진 조각에 찔려 피가 흐르는 손가락을
부여잡는다. 아빠는 충격에 사로잡혀 얼어붙고, 놀란 엄
마가 뒤늦게 달려와 살펴보려 하지만, 선은 소리치며 엄
마를 뿌리친다.

엄마   선아! 괜찮아? ……엄마 봐!
선   하지 마……!

엄마	봐봐! 피 나잖아!
선	아, 하지 말라고……!

다친 손가락을 붙잡고 그대로 주저앉는 선. 엄마가 선을 일으키려 하자, 선은 참았던 눈물이 왕 터져 나온다. 그동안 참았던 분노와 설움을 한 번에 털어내는 듯 오열하는 선. 당황한 아빠는 어쩔 줄 몰라 그대로 서 있고, 엄마는 상처부터 치료하자며 선을 다독인다. 하지만 선은 손가락을 부여잡고 돌처럼 굳어 하염없이 울기만 한다.

63. 초등학교, 상담실 ― 오전/내부

숨소리만 들리는 조용한 상담실 안. 담임 선생님을 앞에 두고 선과 지아, 그리고 보라, 은주, 태연이 큰 책상에 둘러앉았다. 다친 손가락에 붙인 반창고를 매만지는 선. 조금 진정은 되었지만 화는 여전히 주체할 수 없는 얼굴이다. 지아를 빤히 노려보는 선. 지아 역시 표정 없는 얼굴로 선을 노려보고 있다. 둘 사이, 팽팽한 긴장감이 느껴진다. 가운데 앉아 지켜보던 담임이 무서운 표정을 한다.

담임	……한지아!

우리들

순간 흠칫 놀라 담임을 보는 지아. 선도 놀라 같이 담임을
본다.

담임   너 정말 사과 안 할 거야?
지아   …….
담임   너 다른 친구들 사과하는 거 보고도, 아무 느낌이 없어?

지아가 옆으로 나란히 앉은 보라와 은주, 태연을 슬쩍 본
다. 서로 눈치를 보며 지아를 쳐다보는 아이들. 빨리 사과
하고 끝내란 표정인데, 지아는 그대로 입을 다문다.

담임   너 친구한테 그러는 게 얼마나 심각한 폭력인지 몰라?
       ……어디서 그런 못된 말을 만들어서, 친구한테 말
       이야…….
지아   (억울하다) 아니, 근데요…… 왜 자꾸 저한테만 그러세요?
담임   (황당하다) 네가 잘못을 했으니까 그러지!
지아   (움찔한다) …….
담임   너…… 공부 잘한다고 샘이 그냥 넘어갈 줄 알았어? 이
       자식이 이거 오냐오냐하니깐……. 너 진짜 사과 안 할 거
       야? ……어?!

지아를 무섭게 야단치는 담임. 입을 다문 지아는 더욱 분
한 얼굴로 선을 죽일 듯 노려본다. 황당한 선. 그런 지아를

같이 노려본다.

64.　　　　**초등학교, 계단/복도 — 오후/내부**

막 상담실에서 나온 아이들이 계단을 올라 교실로 향한다. 보라와 은주, 태연은 서로를 탓하며 투닥투닥 싸운다. 은주는 "최보라, 지가 하겠으면서!" 하고 보라에게 홱 짜증을 내더니 성큼성큼 가버리고, 태연은 우물쭈물하다가 은주를 쫓아간다. 황당한 보라는 짜증이 밀려오는지 괜히 앞서가던 선을 홱 밀치고 지나가버린다. 슬쩍 밀린 선이 계단 한복판에 멈춰 서서 앞서가는 보라 무리를 바라본다. 다시 화가 치솟지만 간신히 참는 선. 이내 걸음을 재촉하는데, 뒤에서 지아가 그런 선을 노려보며 바짝 쫓아온다. 복도를 지나 교실로 향하는 선. 그런데 뒤에서 지아가 선을 부르며 다가온다.

지아　　　　야, 이선! (대답 없자) ……야!

선은 무시하고 그냥 가려고 하지만, 지아가 달려와 붙잡아 세운다. 완력으로 돌려세워진 선이 지아를 노려본다. 지아는 기가 막힌다는 듯 선을 쳐다본다.

우리들

지아	야! 너 진짜 나한테 왜 그래?!
선	(황당하다) 뭐?! 그럼 넌 나한테 왜 그러는데?!
지아	네가 먼저 그랬잖아!
선	뭐가? 네가 먼저 그랬잖아!
지아	아니, 내가 뭘 어쨌는데?!
선	그럼 내가 뭘 어쨌는데?!

서로 씩씩거리며 쳐다보는 선과 지아.

지아	……네가 먼저 나한테 달라붙었잖아! 왕따 주제에……!
선	(당황) 뭐……?!
지아	맞잖아! 왕따면 왕따답게 혼자 놀 것이지…….
선	(씩씩거리며 노려본다) 야…….
지아	너 그런다고 친구들이 너 좋아할 것 같아?!
선	……!
지아	하여튼…… 왕따 같은 짓만 골라서 해요…….

충격에 휩싸여 아무 말도 하지 못하는 선. 지아는 그런 선을 째려보더니 혼자 교실을 향해 걸어간다. 치솟는 분노에 눈물이 그렁그렁 고이는 선. 멀어지는 지아에게서 시선을 뗄 수 없다. 주체할 수 없는 분노에 사로잡힌 선. 씩씩거리며 지아를 쫓아간다.

65.　　　　**초등학교, 교실 — 오후/내부**

지아가 교실 앞문으로 들어가자, 머리끝까지 화가 난 선
이 씩씩거리며 따라 들어간다. 자리로 향하는 지아에게
소리 지르는 선. 반 아이들이 깜짝 놀라 쳐다본다.

선　　　　야! 한지아……! 야!!!

선이 지아를 따라잡아 홱 돌려세운다. 교실 한복판에 잔
뜩 화가 난 선과 지아가 서로를 마주 보고 선다. 싸움을
감지하고 조용해지는 아이들.

선　　　　……너도 왕따였다며?!
지아　　　뭔 소리야……?!
선　　　　너 전 학교에서 완전 심한 왕따였다며? 아주 장난이 아
　　　　　니었다며?
지아　　　(당황한다) 누가 그래……?!
선　　　　니네 할머니가 그러시던데? 내가 다 들었어!

흠칫 놀란 지아. 주변 아이들의 수군대는 소리가 들려온
다. 선은 계속 쏘아댄다.

선　　　　너 그리고 애초에 영국 가본 적도 없다며? 니네 엄마도

우리들

지금 영국에 안 계신다며?

지아   (이를 악문다) 아니거든……?!

선   뭐가 아니야? 니네 엄마 그냥 너 보기 싫어서 안 만나는
           거라며?! 내가 다 들었거든?

지아   (노려본다) ……!

선   너 진짜 왜 그런 거짓말을 하냐? 그래 봤자 아무도 너 안
           좋아해! 거짓말하는 애를 누가 좋아해?!

지아   (점점 화가 오른다) ……!

선   너 저번 학교에서도 그래서 왕따당한 거지? ……당할 만
           하네. 지가 왕따였으면서 누구한테 계속…….

순간, 더 이상 참을 수 없는 지아가 선을 휙 밀친다. 교실
앞쪽으로 확 밀려난 선. 아이들이 헉하며 놀라지만, 분노
한 선은 기죽지 않고 지아에게 달려들어 같이 밀친다. 지
아도 휙 밀려난다. 보라와 은주, 태연도 놀란 눈으로 쳐다
본다. 밀려났던 지아가 씩씩거리며 선을 노려보고, 선도
숨을 몰아쉬며 지아를 쏘아본다. 분노가 머리끝까지 차
오른 지아가 선에게 왁 달려든다. 싸움이다! 선의 머리끄
덩이를 붙잡고 넘어지는 지아. 선에게 올라타 머리를 쥐어
뜯고 때리고, 선도 같이 비명을 지르며 맞선다. 둘을 둘러
싸고 구경하는 아이들. 소리를 질러대며 격렬하게 싸우는
선과 지아. 둘 다 제정신이 아니다.

66.　초등학교, 복도 — 오후/내부

수업 시간이라 조용한 복도. 담임이 싸움으로 엉망진창이 된 선과 지아를 나란히 세워두고 팔짱을 낀 채 한숨을 쉰다. 지아는 산발인 머리를 제외하고는 비교적 괜찮은 편인데, 선은 뺨엔 피멍과 할퀸 상처가 나 있고, 이마와 머리카락이 접하는 부위엔 꽤 커다란 반창고가 붙었다. 누가 봐도 크게 상처 입은 쪽은 선이다. 말없이 고개를 푹 숙인 채 서 있는 선과 지아. 담임은 다시 깊은 한숨을 내쉰다.

담임　　……일단 선이는 얼른 책가방 챙겨서 나와.

선　　　(놀란다) ……네? 왜요……?

담임　　어머님이 전화하셨어. ……얼른!

영문을 몰라 쭈뼛거리던 선이 조심스레 교실 뒷문으로 향한다. 그러다 문득 담임이 지아에게 말을 건네는 소리에 뒤돌아본다. 담임이 고개를 푹 숙인 지아에게 묻고 있다.

담임　　지아야. 네가 먼저 때렸다며…….

지아　　…….

담임　　왜 그랬어? ……응?

지아는 완전히 기가 죽어 아무 대답도 하지 못한다. 담임은 답답한 마음에 깊은 한숨이 절로 나온다.

담임   ……지아야. 말을 해야 샘이 알지, 그치?

담임의 재촉에도, 지아는 아무 말도 하지 못한 채 고개만 푹 숙이고 가만히 서 있는다. 그 모습을 망연히 바라보는 선. 폭풍이 휩쓸고 간 듯, 몸도 마음도 만신창이가 되었다.

67.   요양 병원, 복도/병실 — 오후/내부

복도. 엄마가 윤과 함께 황급히 복도를 뛰어간다. 선도 여기저기 반창고투성이인데, 윤마저 언제 그랬는지 한쪽 눈이 퍼렇게 멍들었다. 먼저 할아버지의 병실에 도착한 선은 빈 침상 앞에 망연히 앉아 있는 아빠를 보고 깜짝 놀란다. 그대로 얼어붙어 병실 안으로 들어가지 못하는 선. 조금 늦게 달려온 엄마와 윤도 선 옆에 서서 그런 아빠를 바라만 본다.

윤   엄마, 할아버지는 어디 갔어……?
엄마   어? 어어…….

말을 잇지 못하는 엄마. 그때, 엄마를 알아본 간호사가 다가온다.

간호사	……오셨어요? 잠깐 같이 가시겠어요?
엄마	(정신없이 윤의 손을 잡고 간다) 아…… 네…….
간호사	(멀어지며) ……그래도 주무시다 편하게 가셨으니까 너무 상심하지 마시고요.
엄마	네…….
간호사	일단 아버님 시신은 장례식장에 안치되셨고요. 장례식장이 별관 지하에 있어요. 영전 설치하시면…….

엄마와 윤은 장례 절차를 설명하는 간호사를 따라 복도 끝으로 멀어진다. 혼자 남아 물끄러미 병실을 지켜보는 선. 병실 안엔, 공장에서 일하다 막 뛰쳐나온 듯한 작업복 차림의 아빠가 빈 침대 앞에 동그랗게 몸을 말고 아이처럼 훌쩍이고 있다. 아빠의 작은 뒷모습을 망연히 바라보는 선. 허탈감과 상실감이 몰려온다.

68.   바닷가, 백사장 ― 오전/외부

아빠의 공장 차 안, 뒷좌석. 열린 문 너머로 파도 소리가 들려온다. 곤히 잠들어 있던 선이 스르르 눈을 뜬다. 선 이마의 상처엔 작은 반창고가 붙어 있고, 볼에 난 할퀸 상

처도 조금 옅어졌다. 선 옆에 놓인 박스엔 할아버지의 영
정 사진과 유골함, 소국 한 다발, 그리고 막 장례 제사를
마치고 남은 음식들(북어포, 사과, 배, 대추와 밤, 정종 등)이 봉
지에 싸여 담겨 있다. 천천히 일어나 주위를 둘러보는 선.
차 안엔 아무도 없다. 고개를 돌려 창밖을 바라본다. 흐린
날의 백사장. 바닷가를 천천히 거니는 선네 가족의 모습
이 보인다.

(시간 경과)

흐린 하늘 아래 바닷가. 검은 투피스를 입은 엄마는 철모
르고 신나서 돌아다니는 윤을 단도리하며 앉아 쉬고 있
다. 모래사장에 그림도 그리고, 뛰어다니며 조개껍질도
주우며 뛰어노는 윤. 엄마는 윤의 손에 묻은 모래를 털어
주고, 선은 그런 엄마 옆으로 가 조용히 쭈그려 앉는다.

선   엄마…….
엄마   깼어……?

다정하게 선을 바라보며 머리를 쓸어 넘겨주는 엄마. 선
은 엄마 옆에 멀뚱히 앉아 있다가 문득 조금 떨어져 서 있
는 아빠를 바라보며 천천히 일어난다. 검은 상복을 입고
우두커니 서서 바다를 바라보는 아빠. 무슨 생각을 하는
지, 깊은 상념에 젖어 있는 듯 보인다. 아빠를 물끄러미 바

라보던 선은 세찬 파도 소리에 고개를 돌려 같이 바다를 바라본다. 선도 아빠와 같이 깊은숨을 들이마시며, 바다를 망연히 바라본다. 흐린 하늘 아래, 넓고 먹먹한 바다가 선의 눈앞에 펼쳐진다.

69.   선의 집 — 새벽/내부

새벽. 불 꺼진 남매의 방. 곤히 잠든 윤 옆에 누운 선. 잠이 오지 않아 천장을 멀뚱멀뚱 보며 이리저리 몸만 뒤척인다. 다시 밀려오는 괴로움에 절로 한숨이 나오는 선. 그런데 그때, 안방에서 알람 시계 소리가 시끄럽게 울려 퍼진다.

(시간 경과)

불 꺼진 거실. 선이 조심스레 안방 문을 열고 들어가 시끄럽게 울리는 알람 시계를 끈다. 새벽 네 시. 엄마와 아빠는 피곤에 절어 세상모르고 자고 있다. 조용히 이불을 덮어주는 선. 언제 일어났는지 모를 윤이 문가에 서 있다.

윤   누나…….

선이 '쉿' 하며 윤을 조용히 시킨다. 윤이 선을 멀뚱멀뚱

우리들

바라본다.

(시간 경과)

거실. 아직 밖은 캄캄하다. 식탁에 마주 앉은 선과 윤. 선은 이마 끝 상처에 밴드가 붙어 있긴 하지만 뺨의 상처는 많이 옅어졌다. 엄마의 메모("청덕초 — 단체 30(소고기 10, 치즈 10, 김치 10)")를 옆에 두고 김밥을 마는 선. 윤은 맞은편에 앉아 장난감을 갖고 논다. 김 위에 밥을 꾹꾹 눌러 붙이던 선이 문득 고개를 들어 윤을 쳐다본다. 윤의 눈에는 여전히 퍼렇게 멍든 상처가 남아 있다. 마냥 천진하게 노는 윤을 물끄러미 바라보는 선.

선	(한숨이 절로 나온다) 윤아…… 너 왜 계속 연호랑 놀아…….
윤	어?
선	아니…… 연호가 너 계속 다치게 하잖아. 맨날 상처 내고, 때리고…… 장난도 너무 심하고…….
윤	이번엔 나도 같이 때렸는데?
선	(조금 놀란다) ……그래?
윤	응! 연호가 나 때려서, 나도 쫓아가서 연호 등을 팍! 때렸어.
선	그래서?
윤	그래서……? 연호가 일어나서 (눈을 가리키며) 여기를 팍! 때렸어.

선   그래서……?

윤   (뭔지 모르겠다) 그래서……? 같이 놀았어.

선   (벙찐다) 놀았다고……?

윤   응! 보물찾기 하러 나갔는데?!

기가 막힌 선. 윤이 바보 같아 답답하고 화도 난다.

선   야, 이윤! 너 바보야? 그러고 같이 놀면 어떡해?

윤   (무슨 말인지 모르겠다) ……그럼 어떡해?

선   다시 때렸어야지!

윤   (놀란다) 또……?!

선   그래! 걔가 다시 때렸다며! 그럼 또 때렸어야지! 걔가 안
         그럴 때까지, 끝까지 때렸어야지!

누나의 잔소리에 혼란스럽고 조금 짜증도 나는 윤. 문득
선을 보고 말한다.

윤   ……그럼 언제 놀아?

당황하는 선. 뜻밖의 질문에 숨이 턱 막혀온다.

윤   연호가 때리고, 나도 때리고, 연호가 또 때리고, 나도 또
         때리고…… 그럼 언제 놀아? 나 그냥 놀고 싶은데…….

우리들

윤은 당연하다는 듯 묻지만, 선은 아무런 대답도 할 수 없
다. 윤을 빤히 바라보던 선은 깊은 충격에 사로잡혀 정신
이 아득해진다. 저절로 고개를 푹 숙이는 선. 깊은 고민에
휩싸여 밥만 꾹꾹 눌러댄다. 점차 동이 터오른다.

70.   초등학교, 운동장 — 오후/외부

체육 시간. 피구 팀을 나누고 있다. 보라와 재윤이 가위바
위보를 해서 팀원을 한 명씩 정한다. 누가 이기고 지느냐
에 따라 탄성과 환호가 이어진다. 선은 신난 아이들을 멍
하니 바라보다 문득 멀리 떨어진 지아를 본다. 잔뜩 풀 죽
은 지아는 아이들과 조금 떨어져 흙바닥만 툭툭 차고 있
다. 담임이 혼자 있는 지아에게 다가가 들어가서 같이 어
울리라고 해도, 지아는 됐다며 혼자 남아 있는다. 그런 지
아를 몰래, 물끄러미 바라보는 선. 그때, 마지막 가위바위
보에서 이긴 재윤이 소리친다.

재윤   아싸! 그러면…… 이선!
보라   뭐야. 그럼 누구 남았지?
은주   한지아 남았네.
보라   (실망한다) 아, 진짜…… 한지아밖에 안 남았어?
재윤   (비웃는다) 왜~ 쟤 피구 잘하잖아.

보라   (같이 웃는다) 그럼 너 가져.

재윤   됐거든.

보라   왜~ 이선이랑 바꿔~ 왜~

            보라와 재윤의 말에 움찔하는 지아. 선이 그런 지아를 슬
            쩍 훔쳐본다.

담임   (경고하듯) 어허, 이것들이 또. 자꾸 나쁜 말 하지.

아이들   (쫄아서) 아니, 그게…….

담임   팀들 짰어? 그럼 각자 편으로 가시고. 자, 먼저들 하고
            있어.

            담임이 물 주전자를 들고 수돗가로 향한다. 우르르 경기
            장으로 몰려가는 아이들. 보라의 타박에 지아도 슬쩍 눈
            치를 보며 이동한다. 선이 그런 지아를 바라보며 같이 이
            동한다.

            (시간 경과)

            피구가 시작된다. 서로 다른 팀이 된 선과 지아. 잔뜩 의기
            소침해진 지아는 아이들 눈치만 보며 공을 피해 다닌다.
            그런 모습에 자꾸 시선이 가는 선. 문득 보라가 던진 공에
            맞아 아웃된다. 바깥 라인으로 나가는 선. 그곳에서도 선
            은 꿔다 놓은 보릿자루처럼 이리저리 휩쓸리는 지아에게

우리들

계속 시선이 간다. 힘이 빠지는 선. 멍하니 생각에 잠겨 있던 선은 손에 난 거스러미를 뜯다 문득 손톱을 내려다본다. 모든 손톱의 봉숭아 물이 다 사라졌는데, 자세히 보니 새끼손톱 끝자락에만 아주 조금 봉숭아 물이 남아 있다. 흔적처럼 남아 있는 봉숭아 물을 가만히 바라보는 선. 만감이 교차한다. 그때, 태연이 소리를 지른다.

태연	야, 한지아. 너 금 밟았어.
지아	어……?
태연	너 금 밟았다고. 빨리 나가.

고개를 들어 보는 선. 바로 옆에 서 있던 태연이 지아를 지적하며 나가라고 하고, 막 공을 받아 던지려던 은주도 패스를 멈추고 다가온다. 이어 다른 아이들도 지아를 둘러싼다. 당황하는 지아.

지아	나 안 밟았는데…….
은주	(다가오며) 야, 왜 그래?
태연	아니, 얘가 금 밟았는데 안 나가잖아.
은주	야, 금 밟았으면 빨리 나가.
지아	나 진짜 안 밟았어. 갑자기 왜 그래…….
재윤	그냥 빨리 나가~
지아	안 그랬는데…….

태연   아, 진짜. 얜 왜 맨날 거짓말이야?

지아   (억울하다) 나 진짜 안 그랬어!

은주   야, 왜 성질이야?

재윤   맞아. 왜 저래? 빨리 나가.

당황한 지아는 억울한 얼굴로 정말 나가야 하나 쭈뼛거린
다. 조마조마하게 지켜보는 선. 그러다 자신도 모르게, 한
순간, 떨리는 목소리로 조심스레 외친다.

선   ……한지아 금 안 밟았어!

태연   어……?!

선   (자기도 말하고 당황했다) 아니…… 진짜 금 안 밟았어. ……
          내가 다 봤어!

당황한 아이들. 지아는 놀라 선을 바라보고, 선도 조금 쫄
리지만 무고한 표정을 짓고 있다. 지아와 같은 편인 아이
들이 선의 반응에 의아해한다.

아이1   야, 이선이 안 밟았대잖아. 이선도 너희 팀 아니야?

태연   아니, 그게 아니라…….

재윤   (의심쩍다) 야…… 너 진짜 본 거 맞아?

조금 쫄아든 태연과 은주. 그때, 담임이 멀리서 주전자를

우리들

들고 다가오며 외친다.

담임	(멀리서) 뭐야, 너희들. 벌써 다 끝났어?
태연	아니요, 얘가…… .
은주	(말 끊고) 야, 됐어. 하지 마. (지아에게) 그럼 너 금 안 밟은 걸로 할게. 됐지? (아이들 해산시키며) 야, 시작하자. 얘들아~ 준비, 시~작!

은주는 급하게 상황 정리를 하는 듯싶더니, 들고 있던 공을 바로 지아의 등에 맞힌다. 아이들은 피식 웃음이 터지고, 은주와 태연은 서로 깔깔 웃어 재낀다. 돌아보는 지아.

은주	맞았지? 빨리 나가. 이제 아웃이잖아.

지아에게 소리치는 은주와 아이들. 결국 아웃된 지아는 어깨에 힘이 쭉 빠진 채 터벅터벅 걸어 나간다. 물끄러미 지켜보는 선. 경기가 다시 시작된다.

망연히 경기를 지켜보는 선과 지아. 각자 다른 편으로, 라인 하나를 가운데 두고 나란히 서 있다. 아이들을 무심히 바라보는 선과 방금 전의 상황에 멍해 있는 지아. 둘은 시선이 마주칠 듯 말 듯, 서로를 조심스레 훔쳐본다. 다른 친구들은 언제 그런 일이 있었냐는 듯 다시 신나게 뛰어다니며 피구를 하고 있는데, 선과 지아는 시간이 정지한 듯, 서로를 느끼다 이내 시선을 피하고 고개를 돌린다. 운동장엔 아이들의 청명하고 유쾌한 탄성과 웃음소리가 울려 퍼지고, 선은 다시 물끄러미 그런 아이들을 바라본다. 그러다 문득, 결심한 얼굴로 용기 내어 지아를 향해 고개를 돌린다. 천천히 오래도록 지아를 바라보는 선. 선의 시선을 느낀 지아도 고개를 돌려 선을 똑바로 바라본다. 이번엔 누구도 시선을 피하지 않고 눈을 맞춘다. 담담하고 맑은 얼굴로 오래도록 친구 지아를 바라보는 선. 진심을 담아 할 말이 있는 것 같다.

〈우리들〉 끝.

THE WORLD OF US

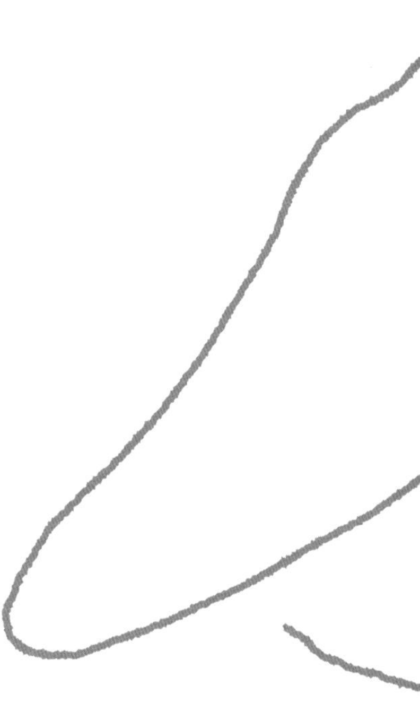

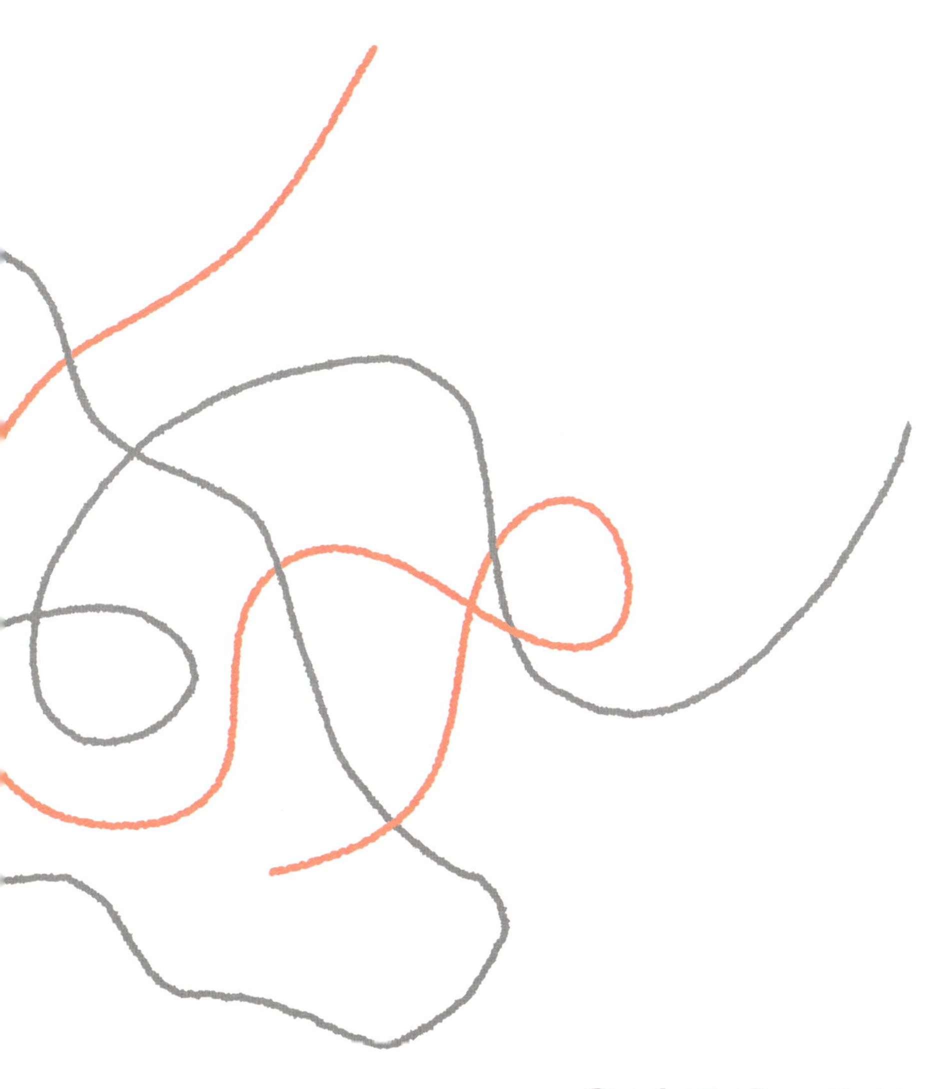

우리들을 만든
우리들 이야기

영화, 그리고 우리들

믿을 수가 없다. 〈우리들〉을 만든 지 벌써 10년이 다 되어간다니…… 세월이 속절없이 흐른다. 더 믿지 못할 일들도 나날이 쌓여간다. 그해 여름, 아침마다 맑은 눈을 반짝이며 "오늘은 뭐 찍어요?" 묻던 명랑한 소녀들은 어느새 녹록지 않은 하루를 맥주 한 잔으로 위로할 줄 아는 어엿한 성인이 되었다. 한글을 몰라 대사를 일일이 불러줘야 했던 일곱 살 막내는 매년 가장 먼저 생일 축하 문자를 보내오는 진중한 고등학생으로 자랐다. 어떤 컷도 쉽게 넘어가지 않았던 빡빡한 촬영감독님들은 연달아 아이를 낳더니 세상 순한 딸바보 아빠들로 다시 태어났고, 내 작은 한숨까지 모두 나눠 쉬어주던 천사 같은 조감독은 가슴에 비수를 꽂는 무시무시한 데뷔작을 막 내놓았다. 그리고 정말 믿을 수 없게도…… 〈우리들〉이 종착역인 줄 알았던 내가 계속해서 영화를 만들고 있다. 매번 더는 못하겠다고 앓는 소리를 내지만 정작 나보다 앞장서서 길을 터주는 15년지기 피디와 함께. 정말이지 어떤 것도 믿을 수가 없다.

그간 각본집을 낼 기회가 여러 번 있었지만 늘 한사코 열정적으로 거

우리들

절했다. 천신만고 끝에 영화라는 완성품이 나왔는데 굳이 중간 단계인 각본을 들춰낼 필요를 모르겠다고, 내겐 다음 작품 준비가 더 시급하다고 애꿎은 변명을 늘어놓았지만, 실은 공개하기 부끄러운 마음이 더 컸다. 기본부터가 빵점인 각본이었다. 대사는 말보다 말줄임표가 더 많았고, 지문은 쓸데없이 길고 장황한 묘사들이 반복되었다. 그런 너저분한 글을 프로덕션 내내 고치고 또 고친지라 어떤 버전을 최종고로 봐야 할지도 의문이었는데, 제법 괜찮은 대사나 장면들은 배우와 제작진들이 같이 만들고 찾아낸 것들이라……. 그쯤 되니 내가 정말 각본을 오롯이 책임지고 썼다고 말할 수 있을지도 의심스러웠다. 기적처럼 영화를 완성하긴 했지만, 나는 여전히 좋은 각본은 어떤 공정으로 만들어지는 건지, 어떤 모습이어야 하는지 알지 못해 괴로웠다.

10년이 지나고 보니 그때의 감상이 새삼 바뀌었다고, 이대로도 나름 괜찮은 것 같아 출간을 결심했다고 말하면 좋겠건만…… 슬프게도 이 각본은 여전히 나의 좌충우돌 대혼란을 고스란히 담아낸 일기장 같아 많이 창피하다. 도대체 어떻게 해야 좋은 각본을 쓸 수 있는지 아직도 모르겠어 오늘도 고민이 깊다. 그럼에도 각본집을 내기로 마음먹은 이유는, 꼭 완성된 결과물만이 영화는 아니라는 점을 비로소 깨달았기 때문이다. 특히 만드는 사람에게는 최종 장면에 다다르기 위해 거쳐온 모든 길들이 다 영화의 면면이기에 이 각본도 결국 영화의 일부라는 사실을 천천히 배워나가는 중이다. 그리고 영화를 만들면 만들수록, 각본이야말로 애초에 감독 혼자 쓸 수 있는 것이 아니라는 진실을 매일 직면하고 있다. 아무리 감독이 첫 문장을 토해냈어도 함께하는 동료들의 눈과 머리와 심장을 빌려 다시 들여다봐야만 진짜 꼴이 갖춰지고 좋은 방향을 가늠해볼 수 있다는 사실에 깊은 안도를 느끼는 요즘이다. 모두가 같은 곳을 바라보고 느끼고 달려야만 만들 수 있기에 영화를 만드는 경험은 늘 기적일 수밖에 없고, 그래서 어쩌면 이 각본도 〈우리들〉이라는 기적의 작은 일부분일지도 모르겠다는 상상을 이따금 해본다.

이 각본은 촬영고를 기준으로, 후반 작업에서 새롭게 수정된 부분을 덧입혀 최종 정리한 버전이다. 이 안엔 나 홀로 고군분투했던 흔적부터 오랜 리허설을 통해 배우들이 스스로 찾아낸 놀라운 대사들, 프로덕션 내내 스태프들과 치열하게 고민하며 만들어낸 새로운 구조와 디테일들이 한데 뒤엉켜 있다. 이젠 어떤 대사가 내가 쓴 것인지, 어떤 장면이 누구로부터 만들어진 것인지의 기억조차 희미하다. 사실 그런 구분이 큰 의미가 없어진 지 오래다. 여기저기 기워지고 덧입혀지며 가까스로 완성된 이 각본이야말로 〈우리들〉의 진짜 심장이었음을 이제는 안다.

개인적으로 언제 읽어도 내심 뿌듯하고 자랑스러운 씬이 하나 있다. 식탁에 둘러앉은 아이들이 직접 만든 김치볶음밥을 먹는 16씬으로, 초고에서부터 2년이 넘는 개발 과정 동안 간신히 살아남은 몇 안 되는 장면이다. 실제 내가 쓴 글은 몇 문장 되지 않는다. 선이 먹자고 말하면, 윤이 손님인 지아에게 양보한다. 먼저 한술을 뜬 지아의 얼굴이 밝아지자 모두의 얼굴이 환해진다. 그리고 다 같이 즐거운 식사를 한다. 특별할 것 없는 이 단순한 묘사들이 우리 배우와 스태프들의 눈과 손과 머리와 마음을 거치며 얼마나 풍성한 장면으로 살아났는지, 읽을 때마다 가슴이 벅차오른다. 어쩌면 이 씬을 공개하기 위해 각본집을 내는 것일지도 모르겠다. 앞으로도 언제까지나 이런 장면을 쓰고 함께 만들어간다면 여

우리들

한이 없을 것 같다.

　부디 이 각본집이 이 영화를 사랑해주신 귀한 관객분들께 또 하나의 재미난 볼거리가 되기를, 그리고 이 각본과 영화를 함께 만들어준 나의 소중한 친구들에게 우리의 첫 시작을 기념할 좋은 선물이 되기를 바란다. 힘과 마음이 닿는 한 계속, 사랑하고 존경하는 우리 팀과 함께 믿을 수 없는 작은 기적들을 만들어나갈 수 있기를 진심으로 소망한다.

2025년, 다시 찾아올 무더운 여름을 고대하며

윤가은

〈우리들〉의 제작 10주년을 기념하며, 오랜만에 기억을 되짚고 또 떠오르는 마음을 노트에 적어보았다. 와, 깜짝 놀랐다. 10년이라는 시간이 지났지만, 〈우리들〉을 함께하면서 '우리'와 보낸 시간은 세월이 흐를수록 더 반짝이고 깊어지는구나, 새삼 깨닫는 순간이었다. 그도 그럴 것이 〈우리들〉은, 만드는 과정도 그리고 완성된 작품까지도 매 순간 나의 마음을 움직였고, 소중한 것을 더욱 깊이 헤아리는 마음을 배우고 또 삶의 다음으로 나갈 수 있는 원동력이 되어 주었기 때문이다.

〈우리들〉 전까지는 단편 작업만 하다가 〈우리들〉을 통해 (〈콩나물〉부터 함께한 윤가은 감독님의 소중한 제안으로) 첫 장편 현장을 만난 것 역시 잊을 수 없는 경험이다. 얼마나 좌충우돌했는지 말로 다 할 수가 없다. 첫 장편 현장을 마주한 조감독의 우당탕탕 고군분투를 믿고 맡겨준 감독님과 함께한 스태프들, 배우들에게 새삼 고마울 따름이다.

이런 과정 속에서 나는 영화 현장이 정말 신나고 즐거운 곳임을 다시금 확인했다. 막연히 영화를 사랑하는 마음에 스스로 감동한 것이라기보다, 윤가은 감독님을 비롯해 모든 스태프, 배우들과 매 장면을 소중히 여기며 함께 만든다는 마음을 힘껏 즐길 수 있었다. 내가 〈우리들〉에서 배운 많은 것들 중 하나는 즐겁게 일하고 이를 통해 보지 못했던 세상과 마주하는 방법이다. 그리고 신나게 일하기 위해 우선 내 마음을 북돋고 첫 단추를 꿰는 방법이다. 실수에 주눅 들지 않고 용기 내서 다음을 도모하는 마음이다.

완성된 〈우리들〉을 극장에서 처음으로 본 날, 왜 그렇게 눈물이 나던

우리들

지. 작품이 나를 울린 것도 물론이지만(지금도 볼 때마다 운다), 오래도록 잊히지 않을 멋진 작품의 일원이라는 것을 새삼 확인한 감동과 벅참은 평생 잊지 못할 것 같다.

이렇게 〈우리들〉을 통해 배운 마음으로 10년을 보냈다. 〈우리들〉이 지난 10년간 세상 속에서 그리고 관객들의 마음속에서 무르익는 동안, 나는 윤가은 감독님과 〈우리들〉을 함께했던 스태프들의 한 동료로 여전히 남아 이렇게 글을 쓰고, 또 영화를 만드는 근육을 차곡차곡 기르고 있다.

✻ ✻ ✻ 스크립터 홍유라 ✻ ✻ ✻

1초에 24번의 진실.

그 진실을 함께한 우리들에게.

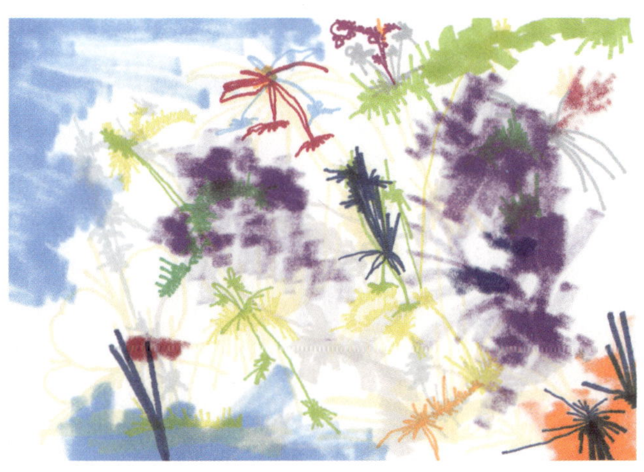

❋ ❋ ❋ 의상/연출부 **마리아** ❋ ❋ ❋

우리들의 시절. 내 서툴고 연약한 분홍색 마음이 〈우리들〉 속에 그대로 남아 한동안 부끄럽고 마주하기 어려웠습니다. 10년이 지난 지금, 난 여전히 서툴고 연약하지만 그때 내가 얼마나 작았는지 안 만큼, 딱 그만큼 성장했어요. 그러나 분명히 자랐죠! 부족한 나를 키워준 친구이자 영원한 선생님인 '우리들'에게 진심으로 감사드립니다. (그 한여름, 우리들 정말 대단했지요.)

❋ ❋ ❋ 제작 **김순모** ❋ ❋ ❋

〈우리들〉은 윤가은 감독만이 할 수 있는 영화다.
윤가은 감독은 누구보다 진정 영화를 사랑하는 사람이고, 힘들고 많은 것이 부족한 상황에서 최선이 아닌 최고를 만들었다. 사람들이 아직도 〈우리들〉을 사랑해주는 이유일 듯하다.
어려운 여건에서 함께해 준 배우들, 스태프들이 있어 행복했던 시간이었다.

❋ ❋ ❋ 프로듀서 **김세훈** ❋ ❋ ❋

10년 전, 영화가 좋아서 무작정 시작했습니다. 아무것도 몰랐고, 서툴렀고, 준비되지 않았지만, 그냥 내가 좋아하니까 영화도 나를 받아줄 거라 믿었습니다. 그렇게 치기 어린 마음으로 덤벼들었던 작품이었습니다. 시간이 흘렀지만, 여전히 새로운 영화를 시작할 때마다 〈우리들〉을 꺼내 봅니다. 마치 빛바랜 오답 노트를 들춰보듯, 어디서부터 다시 시작해야 할지를 묻듯이요.

빛과 어둠이 교차하며 펼쳐지는 영화의 프레임 바깥에서, 나는 여전히 약하고 흔들리지만, 그 시작을 함께한 감독과 스태프들이 있었기에 우리는 단단해졌고, 우리는 '우리'가 되었습니다. 그때는 미처 읽지 못했던 행간들이 이제야 서서히 보이기 시작합니다.

영화 〈우리들〉은 그렇게 나를 '우리'로 이끈 작품이고, 나에게 영화를 계속할 수 있는 마음을 선물해준 작품입니다. 만약 그 고백을 받아준 영화의 신이 있다면, 조심스럽게, 그러나 진심으로 감사하다고 말하고 싶습니다.

✳ ✳ ✳   **촬영 민준원**   ✳ ✳ ✳

유난히 습했던 그 여름에, 영화에 참여했던 아이들은 여전히 연기자의 꿈을 향해 가고 있고, 함께했던 우리는 여전히 좋은 영화를 만들기 위해 각자의 영역에서 노력하고 있습니다. 〈우리들〉에서 표현하려 애썼던 성장기의 감정들은 단지 영화 속 이야기만이 아닌, 이 영화를 함께 만든 우리 모두의 성장기를 표현한 것이었음을 깨달았습니다. 그때의 감정들은 아직도 우리의 삶 속에서 늘 마주치고 있으며, 그때의 뜨거운 마음들이 여전히 가슴속에 남아 있습니다.

여전히 각자의 길에서 괜찮은 어른이 되기 위해 노력 중인 모두를 응

원합니다.

함께했던 우리 모두의 성장기를 기록해준〈우리들〉에 감사의 마음을
전합니다.

✳ ✳ ✳ **촬영 김지현** ✳ ✳ ✳

벌써 10년이라는 세월이 흘렀다는 것도 놀랍지만, 저를 포함한 많은
것들이 그 10년 동안 너무나도 많이 변해버렸다는 것에 더 놀라게 되
는데요. 그 변화들 속에서〈우리들〉이라는 작은 영화가 많은 분들에
게 기억되고 꾸준히 회자된다는 것은 정말 기적 같은 일입니다.

그리고 개인적으로도〈우리들〉을 통해 너무 좋은 사람들을 만나 지
금까지 함께 영화를 만들 수 있었기 때문에 이것 또한 제 영화 인생에
서의 기적이라고 생각합니다.

10년 전이나 지금이나 저는 여전히 부족하고 서툰데 이런 기적 같은
일을 겪었다는 것에 그저 감사할 뿐입니다. 행운 같은 기회를 허락해
주신 김순모 피디님과 윤가은 감독님, 민준원 촬영감독님께 다시 한
번 감사하다는 말씀을 드리고 싶네요.

또 한 번 이런 기적을 만나기 위해서라도 앞으로도 쭉 열심히 영화를
만들어보겠습니다.

❋ ❋ ❋ **조명 이시현** ❋ ❋ ❋

저에게 〈우리들〉은, 모든 스태프가 제목처럼 '우리'가 될 수 있었던 작품입니다.

❋ ❋ ❋ **미술 안지혜** ❋ ❋ ❋

윤가은의 어린 시절이자 안지혜의 어린 시절인 〈우리들〉의 이야기는 같은 시기를 지나지 않았어도, 같은 학교를 다니지 않았어도 선이 손톱에 올린 봉숭아 물처럼 '우리들'의 마음에 물들었습니다.
순수했지만 잔인했고, 행복했지만 아팠던 선이, 지아, 보라의 성장을 지난 10년간 같이 보듬어주시고 사랑해주셔서 감사합니다. 〈우리들〉과 함께 성장한 매 순간이 저에게도 영광이었습니다. 10년 전 본의 아니게 튕기던(?) 저를 붙잡아준 윤가은 감독님께 다시 한번 감사의 마음을 전하며, 사랑해요, 우리 팀!

❋ ❋ ❋ **동시녹음 강나루** ❋ ❋ ❋

시간이 많이 지났지만 유독 기억에 남는 장면이 있습니다. 선이가 지아네 집 앞에 찾아가 선물을 주는 씬을 촬영할 때인데요. 왠지 모르게 자신을 피하는 지아에게 서운하던 차에 집 안에서 우르르 보라 무리가 나와 새 친구와 잘 지내고 싶은 선이의 희망이 무너지는 내용이었습니다. 촬영 중에 선(수인)이는 극과 현실을 구분할 수 없었던지

통제할 수 없는 눈물을 터뜨렸고, 동료 배우들이 안아주고 스태프들이 달래줘야 했습니다. 저에게 〈우리들〉의 대표 이미지는 늘 이 순간입니다. 그때를 떠올리면 수인이의 눈물을 보고 안쓰러우면서 동시에 흐뭇하던 감정이 살아납니다. 윤가은 감독과 프리프로덕션을 진행했던 스태프들의 노력으로 경험이 많지 않은 어린 배우들이 온전히 상황에 몰입할 수 있게 만들었던 점이 〈우리들〉의 빛나는 지점을 빚어낸 일등 공신이라고 생각합니다. 촬영 첫날부터 스태프들을 '선생님'이라고 부르던 어린 배우들을 보면서 그들이 이미 촬영 전에 이 배우들과 어떤 과정을 거쳤는지 추측할 수 있었습니다. 이 특별한 영화에 작은 역할이나마 일원이 될 수 있었다는 사실에 두고두고 행복합니다.

✵ ✵ ✵ 붐오퍼레이터 배수찬 ✵ ✵ ✵

안녕하세요. 녹음팀 붐오퍼레이터를 담당한 배수찬이라고 합니다. 촬영한 지 만 10년이 되어가는 지금, 남아 있는 기억과 감정들을 짧게나마 두서없이 떠올려봅니다.

〈우리들〉 현장은 일단 따뜻했고, 정이 넘쳤고, 그리고 제 개인적으로는 체력적으로 가장 힘들기도 했습니다.

어린이 배우님들과 함께한 모든 회차, 순간이 즐거웠죠. 그냥 지켜보는 것 자체가 순수한 즐거움 아니었나 싶어요. 또 영화 현장이라는 사회 안에서 아이들이 사회화되고 성장하는 걸 보는 것도 신기했어요.

우리들

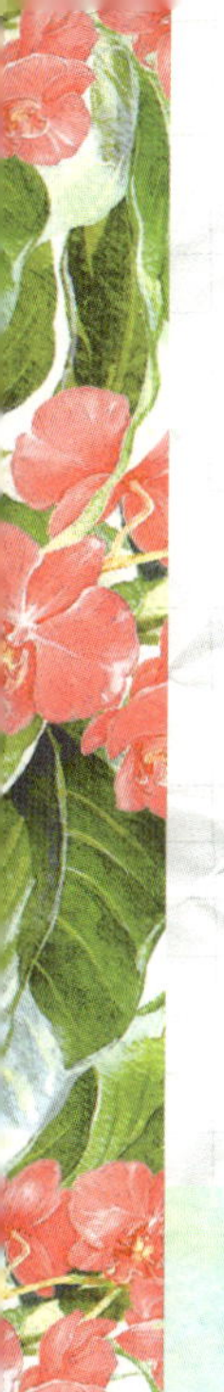

한 번도 현장이라는 경험이 없던 친구들이 맡은 역할에 대해서 긍정적이든 부정적이든 욕심을 더하고 덜어내며 책임감이라는 무게의 경중을 알아가는 것 같았어요. 또 배우님들의 부모님들께서 스태프에게 참 다정하고 따뜻하게 응원 많이 주셨던 게 기억납니다.

앞에서 체력적으로 힘들었다고 말씀드렸는데 장시간 노동이나 현장의 열악함, 그런 것들이 아니라 순수하게 붐을 드는 일 자체만으로 체력이 완전 동이 났었어요. 물론 찍는 방식에 대해 미리 인지하고 동의하고 작업에 임했지만 그래도 몸이 두개였음 했어요.ㅎㅎ

찍는 방식은 투캠 앞에 아이들을 놀게끔 하고 관찰하면서 최대한 자연스러움과 감정을 끌어내는 방식이었는데요, 투캠에 대응하기엔 우리 팀 인원이 아쉬웠고 관찰 방식이라 테이크 하나하나가 길어질 수밖에 없는 겁니다. 거기다 가은 감독님의 끈기와 집념, 집요함! 테이크가 쌓입니다. 아이고야……. 그 와중에 감독님 숏 중에 컷 안 하고 연출하는 거 너무한 거 아닙니꽈아!

얼마 전에 가은 감독님과 함께한 신작 현장에서 〈우리들〉 얘기가 잠깐 나왔었는데, 감독님이 저에게 웃으며 말하더라고요. "수찬! 〈우리들〉 할 때 나한테 눈으로 레이저 쐈잖아?" 구시렁거리긴 했어도 레이저 쏜 기억은 없었는데, 추측하기로 운동장 씬을 찍을 때였을 것 같습니다. 운동장 씬을 촬영 막바지 회차에 찍었던 것 같은데, 체력이 거의 고갈된 상태였고 씬 자체도 난이도가 있어 혼이 나간 채 '영화 안 좋기만 해 봐라. 두고 보자.' 이런 심정으로 째려본 게 아닌가 싶어요.ㅎㅎ 요새는 감독님 그렇게까진 안 찍죠. 우리 사이 좋습니다^^;

아무튼 힘들 때도 아이들 보고 힘이 나고 신났던 거 같아요!

집에서 식탁 씬을 촬영할 때 민준이가 자기 연기할 거 다 하고는 숯 돌고 있는데(컷이 아님에도 불구하고) 화장실에 가서 쉬해서 스태프들이 박장대소한 기억이 있습니다. 이젠 민준이가 다 커서 공개하면 안 될 거 같기도 하면서 어디서 이미 언급됐을 거 같기도 하네요.

그리고 물놀이 씬. 짧은 몽타주 씬인데 실제 촬영 장소가 정릉천이었을 거예요. 이 씬이 저한테는 〈우리들〉의 상징적인 씬입니다. 물가에 반짝반짝 반사된 빛만큼이나 아이들도 반짝반짝 빛났고 팔은 빠질 것 같았지만 아이들 뛰노는 소리, 웃음소리에 저도 그만큼 즐거웠습니다.

마지막으로 수인, 혜인, 서연, 채연, 희준, 민준. 어디 있든 행복하고 건강하라는 말을 전하고 싶어요.

✳ ✳ ✳   **편집 박세영**   ✳ ✳ ✳

"언니, 언니. 선이 연기 1, 3, 7, 9 테이크 어때요?"

"나도 비슷하게 생각했어! 나는 3, 5, 7 테이크 괜찮은 것 같은데, 그럼 3, 7 테이크 같이 볼까?"

"좋아요!"

윤가은 감독님과 〈우리들〉을 편집하는 방식은 아주 세밀하고 세심했다. 좋은 연기를 찾기 위해 각자 테이크를 보며 좋은 테이크를 체크하고, 공통적으로 좋다고 생각한 테이크를 같이 확인하며 컷들을 연결

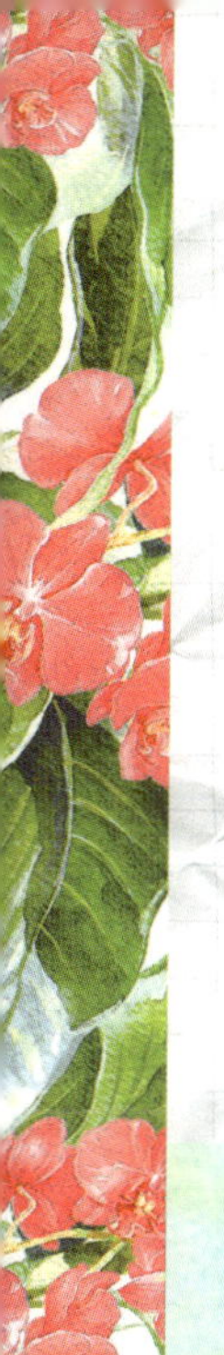

해 갔다.

그렇게 감독님과 나는 아역 배우들의 자유로움과 자연스러움이 더 잘 살아날 수 있도록, 최선을 다해 소스를 보고 또 봤던 것 같다. (여담인데 편집하다가 감독님과 병원에 나란히 누워 링거를 맞았던 적이 두세 번 있다. 테이크를 정교하게 보느라 둘 다 에너지 소모가 컸나 보다ㅎㅎ) 어느 날 한 지인이 내게 말했다. 〈우리들〉은 소주를 부르는 영화라고. (아이들이 나오는 영화를 보고 소주를 부른다니……) 우리의 디테일이 사람들을 숨 막히게 했나 보다. 아주 성공적이다.

〈우리들〉의 모든 씬을 좋아하지만 특히나 좋아하는 씬이 있다. 선이의 집에서 선이와 지아와 윤이가 김치볶음밥을 먹는 씬이다. 이 씬은 촬영 기간의 초반 회차에 찍었는데, 편집은 촬영 기간이 다 끝나갈 무렵 완료했다. 인물들이 자유롭게 대사를 친 소스를 보고(윤가은 감독님은 배우들에게 상황을 주고 자유롭게 연기시키는 경우가 많았다) 일단 그 소스를 외면했었다.

며칠 있다가 선이 대사 들어보고,

며칠 있다가 윤이 대사 들어보고,

며칠 있다가 지아 대사 들어보고.

조합시키면 좋을 것 같은 대사들을 고민하다가 결국 내가 제일 좋아하는 장면이 만들어졌다.

지아 : 근데 너 이거 어떻게 만들었어?

윤 : 나 알아.

선 : 말해봐.

윤 : 먼저 햄을 안 넣고~ 먼저 김치부터 넣고 그다음에 햄, 그다음에 밥, 그다음에 김치, 그다음에 볶고, 그다음에 섞어. 간단해.

선 : 역시 내 동생이야.

윤이가 이야기하는 '먼저 햄을 안 넣고~ 먼저 김치부터 넣고' 대사에 숨겨진 비밀이 있다. '먼저'와 '햄을 안 넣고' 사이에 '우리 엄마는'이라는 대사가 있었던 것이다. 먼저 우리 엄마는 햄을 안 넣고, 이렇게. 그런데 편집을 하던 중 윤이가 레시피를 아는 것처럼 만들면 재밌을 것 같다는 생각이 들었고, 감독님과 함께 고민을 하다가 '우리 엄마는'이라는 대사를 삭제하고 윤이의 쩝쩝거리는 소리를 넣자는 아이디어가 나왔다. 유레카! 이렇게 이 씬은 완성이 되었다.

대사를 조합하고, 테이크를 찾아가며 한 땀 한 땀 감독님과 만들어간 〈우리들〉은 나에게 너무나도 특별한 영화가 되었다. 그리고 이후 내가 편집을 해나가는 방식의 틀을 만들어준 아주 고마운 작품이기도 하다. (이젠 노하우가 생겨 링거를 맞진 않는다!)

P.S. 〈우리들〉이 개봉하고 극장에서 가족들과 함께 영화를 봤었다. 영화를 다 보고 난 후 아빠는 내게 말했다. "다음에 윤가은 감독님이 영화 만든다 그러면 돈 안 준다고 해도 꼭 같이 해." 딸한테 돈 안 받아도 일하라니. 그치만 무슨 얘기인지 너무 잘 알 것 같아 나도 모르게 고개를 끄덕였다. 고마워요, 감독님.

우리들

벌써 〈우리들〉이 제작된 지 10년이 되었다니 감회가 새롭네요. 처음 편집본을 받아보고 느꼈던 감동은 아직도 잊을 수가 없습니다. 유독 말이 없는 선이의 그 마음이 궁금해서, 선이의 눈빛을 자세히 보고 또 봤던 기억이 나네요. 고단한 영화 작업들로 지쳐갈 때쯤 〈우리들〉을 만나 따스한 위로를 받고 나아갈 힘을 얻었습니다.

모두에게 그렇듯 〈우리들〉은 너무도 소중합니다. 함께할 수 있어 진심으로 감사했고 영광이었습니다.

첫 아이가 태어난 해에 〈우리들〉을 만났는데, 벌써 그 아이가 선이와 같은 4학년이 되었다. 작고 작았던 아기가 내 키만큼 자라난 긴 시간이 지났는데도, 〈우리들〉은 현재진행형이다.

처음 편집본을 보았을 때의 기억이 어제처럼 생생하다. 그 여름 내내 고군분투한 결과물을 설레며 건네기에, 선물처럼 열어보았다. 내게는 시놉시스도 시나리오도 공유하지 않고, 모두가 제자리를 찾아 이제 음악만 쏙 끼워 넣으면 되는 상태로 보여주었으니 깜짝 선물이라 할 만했다.

첫 장면의 선이 얼굴에서 마지막의 둘까지 단숨에 보고 나서 든 생각은 '음악이 필요할까?'였다. 아이들의 목소리, 웃음소리, 걸음 소리, 숨소리가 영화 전체를 조화롭게 채우고 있어서 어느 하나 빈틈이 느

꺼지지 않았다. 그래서 윤가은 감독께 솔직히 말했다. 이대로 완성인 것 같아요. 제가 할 일이 없네요. 하마터면 〈우리들〉 크레딧에 이름을 못 올릴 뻔했지만, 다행히 감독님이 원하는 스팟이 있어서 운 좋게 이 작품에 함께할 수 있었다. 극 중 아이들이 가장 행복한 순간. 그 반짝이는 공기에 음악을 입힐 수 있어서 기쁘고 감사했다.

✳ ✳ ✳   DI(색 보정) **신정민**   ✳ ✳ ✳

첫 시퀀스인 피구 씬에서 핸드헬드 카메라 기법이 쓰이고 차분한 롱 테이크로 관찰하는 시점이 강하게 느껴지는 구도들이 많아서, 영화의 포맷이긴 하지만 너무 화려하거나 예쁘게 보이기보다는 컬러에 힘을 다소 뺀 사실적인 다큐멘터리 영화 같은 느낌으로 가고자 방향을 정했습니다.

채도와 미장센에 조금 더 신경을 쓴 씬이 있다면 놀이터 씬과 선이 집에서 봉숭아물 들이는 씬입니다. 조금 따뜻하게 보이고자 했습니다. 일반 상업영화처럼 예산이 넉넉하지 않아 카메라 기종도 보통의 시네마 카메라가 아닌 한 단계 정도 아래의 카메라로 촬영을 하여서 '원하는 룩이 나오지 않으면 어떡하지?'라는 생각도 했었는데요. 색 보정 후반작업 동안 연출감독님, 촬영감독님, 피디님들의 가감 없는 소통과 배려를 통해 카메라 기종이라는 도구보다는 구성원의 마인드가 참 중요하다고 생각하게 됐습니다. 지금도 그런 마음을 가지고 작업에 임하려고 노력하고 있습니다.

우리들

2019년 8월 〈우리집〉 개봉을 앞두고서 index에서 〈우리들〉 재상영회를 열어주셔서 극장에서 오랜만에 보게 되었다. 한 명의 관객으로서 오랜만에 마주한 〈우리들〉은 훌륭했다. 개봉 당시 압박감(관객의 반응, 관객 수) 때문에 느끼지 못했던 이 영화가 가지고 있는 힘을 시간이 지난 후에야 오롯이 느낄 수 있었다. 아…… 아토를 만들고 〈우리들〉을 만든 것은 참 잘한 일이구나. 가슴 저 밑에서 뿌듯함이 올라왔다.

❋ ❋ ❋   포스터 디자인 **박시영** ❋ ❋ ❋

영화는 제목 따라간다고 그랬던가? 당시 나는 포스터를 만드는 영화 족족 500만 1000만 800만 흥행이 대수롭지 않던 시절이었다. 돈도 꽤나 만지고 영화계의 잘나가는 사람들과 클럽을 다니고 말 그대로 누군가에겐 인생의 전성기를 맞은 듯 보였겠지만 난 안에서부터 썩어가고 있었다. 교만하고 싸가지 없고 자신의 실력만 믿고 나대는, 흔하디흔한 자뻑에 빠진 디자이너. 하지만 마음 한구석엔 언제나 들러리 같은 기분을 지울 수 없었다. 영화 개봉의 마지막 자투리땅에 그다지 중요하지 않은 포스터를 만드는, 영화계에 발을 반만 걸치고 있는 어정쩡한 상태. 게다가 좀 특이한 성장 환경 덕분에 소속감이라는 것, 어디에 속한다는 것에 대해 늘 갈망이 있었다. 남들이 보면 호강에 겨운 시절에, 관계에 대한 배고픔으로 심리적 기아 상태에 있던 내게 들어온 영화가 〈우리들〉이다. 돈도 얼마 안 주고, 바라는 건 많고, 디자인 난이도는 까다롭고. 얼굴을 들이밀 스타 하나 나오지 않는 작디작은 귀요미 영화. 뭐 다들 알다시피 이 영화는 작아 보일 뿐 어마어마한 괴력을 품고 있었지만. 정말 적절한 시기에 만난 이 영화는 내게 같이 일하는 즐거움, 치열한 고민의 개운함, 동료들을 알게 해줬다. 물론 난 아직 나 잘난 맛에 산다. 게다가 내 실력은 좋다. 하지만 〈우리들〉을 만난 이후로 보다 동료의식을 가지고 하나의 영화를 이루는 구성원으로서의 내 역할을 고민하며 일한다. 좋은 사람들과 일하는 기분. 정말 상쾌하더라.

✻ ✻ ✻ 투자책임 유진희 ✻ ✻ ✻

오래 남아 있는 건 곰곰이 생각하는 아이들의 얼굴이다. 나에 대해, 누군가의 마음에 대해 곰곰이 생각해본 적이 언제였을까. 가끔 우연한 기회에 선이와 윤이, 지아의 그런 얼굴이 둥둥 떠오르는데, 이제부터라도 나와 누구, 마음과 관계에 대해 곰곰한 궁리를 좀 해볼까.

✻ ✻ ✻ 투자책임 박상아 ✻ ✻ ✻

〈우리들〉과 함께한 많은 순간이 생생하지만, 언제나 가장 먼저 떠오르는 건 더운 여름날의 기억입니다. 땀을 뻘뻘 흘려가며 일하던 스태프들, 뜨거운 햇볕을 그대로 받으며 모니터에서 눈을 떼지 않던 감독님. 더위에 볼이 발갛게 상기되어 있던 배우들. 적은 예산, 열악한 환경, 더운 날씨에 송구한 마음이 들면서도 다른 한편으로는 조금 부러

우리들

웠다면 이상할까요? 마음을 모아 '좋은 것'을 만들어내는 사람들이 참 아름답다고 생각했습니다. 그 마음들이 모인 〈우리들〉에 함께할 수 있었다는 건 그때도 지금도 정말 감사한 일입니다. 10년이 지나도 여전히 귀하고 사랑스러운 〈우리들〉을 자랑스러운 마음으로 다시 떠올릴 수 있게 되어 기쁩니다.

✳ ✳ ✳   배급이사 주희   ✳ ✳ ✳

10여 년 전 어느 봄날 〈우리들〉이라는 영화를 만났습니다. 스크린 속 열한 살 소녀들의 미묘한 우정과 갈등이 너무 생생해서 엔딩 크레딧이 다 올라간 후에도 한참을 자리에서 일어날 수 없었습니다. 윤가은 감독님의 렌즈는 마치 현미경처럼 투명하고 세밀하게 아이들의 세계를 있는 그대로 담아냈고, 잊고 있던 내 소녀 시절을 단번에 소환해버렸습니다.

이 작은 영화에 어떤 옷을 입혀줄까? 마케팅팀과 회의를 거듭하며 고민했던 날들이 떠오릅니다. 저예산이라는 핸디캡으로 시작했지만 오히려 더 빛나게 하자는 오기가 생겨서 카피 한 줄, 포스터 하나에도 심장을 쥐어짜는 마음으로 임했습니다. 그리고 개봉 후, 기적처럼 관객들이 열렬히 화답을 했고 매진된 관객과의 대화 자리에서 터져 나오는 웃음과 눈물을 보며 '아, 영화는 축제구나' 싶은 생각이 들었습니다. 영화를 하면서 그런 축제 같은 날은 쉽게 찾아오지 않습니다. 지금 생각해도 정말 행복한 시간이었습니다.

그 시절 가장 인상적이었던 건 윤가은 감독님의 질문이었습니다. "아이들이 상처받지 않을까요?" "아이들이 영향을 받지 않을까요?" 감독님에게 영화보다 중요한 건 아이들이었습니다. 영화가 시작하기 전부터 감독님은 영화보다도 아이들이 영화로 상처나 이상한 자만심을 가질까 항상 걱정하셨습니다. 그 따뜻한 마음이 영화 속에 고스란히 담겨 스크린을 넘어 관객의 가슴에 닿았으리라 생각합니다.

작년에 9년 만의 재회에서 다시 만난 선이, 지아, 보라는 어느새 숙녀가 되어 있었습니다. 더 단단히 세상을 바라보는 눈빛이 깃들어 있었습니다.

10년이란 시간이 흘렀지만, 〈우리들〉은 여전히 저의 마음속에 살아있고 저는 새로운 독립영화를 만날 때마다 그때의 그 축제 같은 설렘을 기대하곤 합니다. 그 작은 영화가 제게 가르쳐준 것은, 어쩌면 우리 모두가 여전히 열한 살의 마음을 품고 살아간다는 것인지도 모르겠습니다. 앞으로도 이 소중한 기억이 모두에게 10년, 20년 계속 이어지길 바랍니다. 10주년 진심으로 축하드립니다.

✻ ✻ ✻ 홍보마케팅 최유리 ✻ ✻ ✻

150편이 넘는 작품을 마케팅하면서 항상 내 필모의 앞에 있는 작품, 그리고 항상 가장 자랑스럽게 말하는 작품이 바로 〈우리들〉이다. 뭐랄까, 비장의 무기, 숨겨둔 조커 카드. 품고 있는데 얼마나 든든한지 모른다.

우리들

계속되는 야근으로 지쳤던 날들, 새벽 1시쯤이었을까 숙제처럼 컴퓨터 속 작은 모니터로 처음 〈우리들〉을 스크리닝하던 순간을 잊을 수 없다. 눈이 번쩍 뜨였다. 얼마나 생생하던지, 얼마나 애틋하던지, 영화는 잊고 있던, 나의 어린 시절 비밀 일기장이었다. 영화는 이야기가 반드시 크지 않아도 된다고 말해주었다.

10년 전 그 시절의 〈우리들〉은 참으로 창창하여 감독님, 어린 배우들과 쉴 틈 없이 몇 개월간 전국의 극장을 누볐다. 매일 모니터 앞에서 보도자료를 쓰고, SNS 아이템, 영상들을 만들었다. 이토록 소중한 이야기를 잘 전하고 싶었다. 치열하게 일하면서도 행복했다.

자주 생각한다. 지금까지 이 일을 하고 있는 원동력은 다름 아닌, 정말 〈우리들〉을 통해 만난 사람들 때문이라고. 깊고 진한 동료의식, 좋은 작품이 주는 힘을 느껴봤기 때문이라고.

한 명 한 명 모든 스태프들을 귀하게 여겨준 투자사, 제작사분들과 영화처럼 뜨거운 여름날을 보냈다. 〈우리들〉은 어떻게 일을 행복하게 할 수 있을지 알려준 작품이다. 〈우리들〉의 햇살과 양분으로 정말 우리는 무럭무럭 자랐다.

✳ ✳ ✳ 배우 **최수인** (선 역) ✳ ✳ ✳

이선 최수인입니다—!

영화 〈우리들〉을 촬영하면서 기억에 남은 순간은 정말 많습니다. 무더운 여름날 모두가 서로 배려하며 촬영했던 나날이었어요.

선이가 친구 지아와 물장난을 하며 즐겁게 노는 장면과 정반대로 머리 잡고 싸우는 장면이 특히 기억에 남습니다. 물장난하는 장면은 촬영이라고 생각이 들지 않을 정도로 행복하게 찍었어요. 반면 머리 잡고 싸우는 장면은 액션과 감정선이 중요했기에 많이 긴장했던 기억이 있어요. 하지만 액션, 하면 막 싸우다가도 컷, 하자마자 서로 정말 미안해하며 웃었던 기억이 있습니다.

보라 역의 서연 언니는 항상 미안해했던 것 같아요. 미안해서 서로 울기도 하고…… 못되게 대하는 게 너무 힘들어 보였어요. 실제로는 너무 착한 언니였거든요.ㅎㅎ 윤이 역 민준 배우도 너무너무 귀여웠습니다. 진짜 친동생 같았고 누나 누나 하며 잘 따라주는 사랑스러운 친구였습니다. 그리고 우리 아빠인 석배 배우님이 민준이와 저를 오토바이에 태우고 노래를 부르면서 다음 촬영지로 즐겁게 이동했던 기억도 납니다. 그리고…… 우리 엄마 혜진 배우님. 정말 친엄마 같았어요. 너무 따뜻하게 대해주셨고 애교도 귀엽게 다 받아주셨어요. 그래서 어색함 없이 예쁜 모녀가 될 수 있었던 것 같아요! 그 외에도 정말 많은 기억이 있는데…… 너무나 더웠던 한여름에 서로서로 챙겨주면서 진짜 친구처럼 우정을 나누며 즐겁게 촬영한 기억뿐인 것 같습니다.

민철이라는 친구 역을 맡은 최준우 배우는 사실 제 친동생이에요. 선이를 괴롭히는 역할로 후시녹음 목소리나 짧은 장면에 중간중간 등장하는데요, 그때 제가 동생이라는 사실도 까먹고 집에서 만나면 엄청 서운해했던 기억이 나요ㅋㅋㅋ 준우는 지금도 영화 볼 때마다 본인

인데 엄청 밉다고 한답니다……. 그리고 지아랑 선이가 학교에서 처음으로 만나는 장면에서 "얘, 전학생!" 하는 선생님 역의 배우분이 사정이 생겨서 오지 못하셨는데요, 다들 어떡하지 하다가 저희 엄마가 급하게 출연하셨습니다.ㅋㅋㅋ 어쩌다 보니 이 영화에 가족 대부분이 출연하게 되어버린 재밌는 에피소드예요.

그리고 윤가은 감독님. 정말 제가 많이 사랑하는데요. 현장에서 항상 관심을 가져주셨고 정말 많은 소통을 했습니다. 사소한 것 하나까지도 함께 이야기 나누며 만들어 나갔어요. 순수했고 아직 모르는 것이 많았던 초등학교 5학년 때 참 많이 배우고 깨달을 수 있었습니다. 〈우리들〉의 선이 하면 사실 팔찌잖아요. 영화 촬영 끝나고 행사 다닐 때 윤가은 감독님께서 선, 지아, 보라에게 팔찌를 선물해 주셨었어요. 이것도 추억이네요. 감독님은 항상 우리 생각을 해주셨어요.

저는 〈우리들〉을 매년 한 번은 보는 것 같은데요, 그때그때의 감정과 저의 삶에 따라 느끼는 부분도 매년 바뀌는 것 같아요. 십 대의 제일 소중한 추억을 만들어준 작품입니다. 돌이켜보면 온통 다 예쁜 추억뿐이에요.

그때의 저 자신에게 하고 싶은 말이 있다면…… 지금 생각해보면 어린 나이였는데 감독님과 배우분들과 소통하며 촬영에 임한 스스로에게 수고했다고 꼭 토닥여주고 싶습니다. 내가 아픈 것보다 스태프분들 가족분들 아프고 힘든 게 더 신경 쓰였던 것 같아요. 모두에게 정말 감사합니다. 너무 소중한 인생의 추억이에요.

✳ ✳ ✳ 배우 **설혜인** (지아 역) ✳ ✳ ✳

안녕하세요! 〈우리들〉에서 지아 역할을 맡은 설혜인입니다. 이 한마디를 쉼 없이 매일 하던 때로부터 벌써 10년이나 지났다는 게 믿기지 않아요. 저에게 〈우리들〉은 정말 꿈 그 자체였어요. 그 순간이 없었더라면 어땠을지 감히 상상하지도 못할 정도로 저에게 과분한 기억을 남겨줬던 시간이랍니다. 아직도 절 기억해주시고 찾아주시는 많은 분들이 곁에 있어 저는 참 복을 많이 받은 사람이라고 생각해요. 그 당시의 혜인이에게 조금 더 순간순간의 기억을 눈으로 간직하라고 말해주고 싶어요. 아직도 꿈에 나올 정도로 너무 행복했거든요! 또한 저에게 연기라는 너무 고마운 짝꿍을 만나게 해주기도 했고요. 이 자리를 빌려 감독님, 그리고 수인이, 서연 언니, 민준이에게 너무 보고 싶고 고맙다는 말을 하고 싶어요. 다들 각자의 위치에서 지금처럼 열심히 살다가 또 더 예쁜 모습으로 꼭 봐요♥ 마지막으로 관객 여러분들께 진심으로 감사하다는 말씀 드리고 싶어요. 저도 더더욱 성장해서 꼭 다시 찾아뵌다고 약속드릴게요. 너무 고맙습니다.

✳ ✳ ✳ 배우 **이서연** (보라 역) ✳ ✳ ✳

안녕하세요―! 〈우리들〉에서 보라 역할 맡았던 이서연입니다. :)
요즘 저는 시험 기간이랑 다른 작품들 촬영이 다 겹치면서 정신이 너무 없는 나날을 보냈습니다. 〈우리들〉 시나리오가 책으로 출간된다니! 저도 너무 가지고 싶네요.ㅎㅎ 왜냐하면, 사실 저는 시나리오를

한 번도 읽어본 적이 없거든요.

저에게 〈우리들〉은 정말 많은 의미가 있는데요, 시간이 흐르며 제가 여러 경험을 하면서 그 의미가 계속 바뀌는 것 같아요. 예전의 저에겐 열정적으로 했던 작품, 너무 더웠지만 즐거웠던 작품, 많은 사랑을 받았던 작품, 나의 가족들이 대우받으면서 일할 수 있었던 작품으로 기억되었어요(다른 작품에 보조출연을 할 때는 부모님의 대기 공간이 열악하다거나, 대기 공간 및 화장실 청소를 부모님이 해야 한다거나, 그런 안 좋은 처우가 많았거든요!). 지금의 저에게 〈우리들〉은, 가장 자유롭게 연기했던 작품으로 기억에 남아 있습니다.

그때 당시에는 잘 몰랐지만, 이후로 드라마나 다른 영화 촬영장을 경험하면서 〈우리들〉 현장에서는 내가 정말 존중받았구나, 정말 내 마음대로 연기했던 시간이구나, 하는 생각을 많이 했습니다. 물론 연기활동을 하면서 저에게 상처를 주신 선배님은 없지만, 〈우리들〉은 또래끼리 있어서 그런지 누구의 눈치도 보지 않고 그냥 자유롭게 노는 듯이 연기했어요. 진짜 '우리들'이 나눈 대화가 그대로 영화의 대사가 되었고, 정해진 틀 없이 제 마음대로 연기하면 감독님과 스태프분들이 알아서 잘 찍어주셨어요.ㅎㅎ 드라마 현장에선 T바에 서야 하고, 카메라의 옆부분을 보면 더 자연스럽고, 시선 처리와 연결 등등 생각할 것이 많은데, 〈우리들〉에선 그냥 제가 뛰어다니는 대로 보라의 동선이 만들어졌고, 제가 하는 말이 곧 보라의 대사가 되었죠. 그래서 그런지 저는 그 이후로 다른 오디션을 볼 때도 현장에서 대본을 받고 바로 연기하는 게 제일 편했어요.ㅎㅎ 자유롭게 연기할 때 가장 괜찮은 연기가 나오더라고요!

그때 마음껏 소통하고 자유롭게 대사했던 게 참 기억에 많이 남아요. 촬영 이후에 알았지만 제일 처음의 시나리오에서 보라는 굉장히 나쁜 녀석이었는데…… 제가 연기할 때 좀 착하게 한 것 같더라고요. 스태프분들이 가끔 말해줬어요. 보라가 생각보다 착하다고. ㅎㅎ

사실 더 강하게 말하고 싶었는데, 리허설 때 애들이 자꾸 울다 보니 대사를 치면서도 눈치를 보게 되고 대놓고 나쁘게 하기가 어렵더라고요! 근데, 작품에서 그게 보이니까 오히려 뻔하지 않은 캐릭터가 된 것 같았어요. 나쁘기만 한 애가 아니라, 은근히 상대방 상처받을까 신경은 쓰면서도 어쨌든 할 말은 해야 하는, 참 애매한 애인데 그래서 더 애정이 갔어요. 미성숙한 아이의 모습을 보여주는 것 같더라고요. 그래서 맘 놓고 보라를 미워하지 못하는 것 같아요(물론 제 연기는 지금 보면 마음에 들지 않는 부분도 있지만…… 캐릭터만 봤을 때는 마음에 들었어요ㅎㅎ).

앞으로도 계속 자유롭게 연기하고 싶어요. 그 캐릭터와 제가 서로 감정을 공유하면서 진심이 담긴 말들을 하고 싶습니다. 연기 활동 계속 열심히 하고 있으니까요, 보라도, 서연이도 아껴주세요오ㅡ!

✳ ✳ ✳ **배우 김희준** (은주 역) ✳ ✳ ✳

안녕하세요. 은주 역을 맡은 김희준입니다.

벌써 〈우리들〉이 10주년이나 됐네요. 시간이 정말 빠르다는 걸 체감

우리들

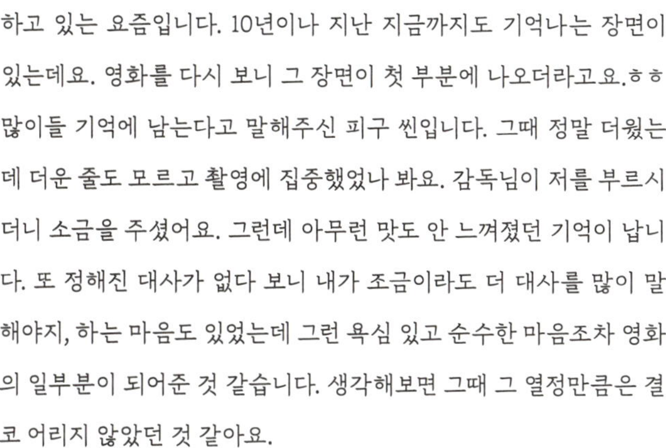

하고 있는 요즘입니다. 10년이나 지난 지금까지도 기억나는 장면이 있는데요. 영화를 다시 보니 그 장면이 첫 부분에 나오더라고요.ㅎㅎ 많이들 기억에 남는다고 말해주신 피구 씬입니다. 그때 정말 더웠는데 더운 줄도 모르고 촬영에 집중했었나 봐요. 감독님이 저를 부르시더니 소금을 주셨어요. 그런데 아무런 맛도 안 느껴졌던 기억이 납니다. 또 정해진 대사가 없다 보니 내가 조금이라도 더 대사를 많이 말해야지, 하는 마음도 있었는데 그런 욕심 있고 순수한 마음조차 영화의 일부분이 되어준 것 같습니다. 생각해보면 그때 그 열정만큼은 결코 어리지 않았던 것 같아요.

학창 시절을 보내고 성인이 된 지금까지, 그때의 제 열정과 꿈에 자유롭게 도전했던 시간이 그립고 부러울 때가 있습니다. 이 영화를 보신 모든 분들, 그리고 이 대본집을 읽게 되신 모든 분들 중에서 언젠가의 '우리들'처럼 미성숙한 감정의 소용돌이에 휘말려 길을 잃으신 분들이 있다면 꼭 헤쳐 나가 그 시간을 웃으며 추억하는 날이 오기를 소망합니다. 감사합니다.

✳ ✳ ✳ 배우 김채연 (태연 역) ✳ ✳ ✳

〈우리들〉은 제 어린 시절이 담긴 소중한 영화입니다. 20대가 된 지금 어린 시절을 돌아보면 그 당시의 제 모습, 제 목소리, 말투가 담긴 〈우리들〉이 가장 먼저 떠올라요.

촬영 당시에는 대사를 완벽하게 외워야 한다는 부담감이 전혀 없는

채로 연기를 했어요. 정말 나라면 이 상황에서 상대방에게 무슨 말을 할까. 이런 상상을 하며 촬영에 임했던 것 같아요. 그런 경험들이 저에겐 너무나도 소중한 배움의 시간이었습니다.

만약 극 중의 태연이가 저처럼 실제로 20대가 되었다면 분명 후회했을 거예요. 왜 선이에게 안 좋은 말들을 하고 상처받게 했을까 자책하면서요.

✳ ✳ ✳ 배우 강민준 (윤 역) ✳ ✳ ✳

지금의 저는 고등학생이지만 가끔 아역배우였던 그때를 떠올립니다. 〈우리들〉을 촬영할 때 가장 기억에 남는 순간은 김치볶음밥 장면입니다. 아주 어렸을 때 김치볶음밥에 대해 대본 없이 설명하느라, 했던 말을 여러 번 했던 게 기억나요. 그때 어렸던 저에게 잘 대해주시고 장난도 많이 쳐주시고 편하게 연기할 수 있게 도와주셔서 모두 감사했습니다. 제가 너무 어려서 촬영에 제대로 임하지 못했던 때도 있었던 것 같은데 대본대로 안 해서 죄송했습니다라는 말을 꼭 전하고 싶네요. 어른들은 힘들어하시는데, 어린 저는 멋모르고 장난처럼 촬영하기도 하고 마냥 행복했던 것 같아요.

저의 첫 영화였던 〈우리들〉은 마치 환상 같았습니다. 처음 보는 촬영 장비들의 신기함, 그리고 내가 영화에 나온다는 설렘이 컸습니다. 영화관에 가서 직접 관객분들이랑 대화하고 웃었던 것이 가장 뿌듯한 기억으로 남아 있습니다.

우리들

제작 10주년이라니……. 〈우리들〉은 저에겐 소중한 작품입니다.
아련하고 따스하고 예리하고 아리고 북받치고…….
함께해서 영광입니다.

＊ ＊ ＊ **배우 손석배** (선 아빠 역) ＊ ＊ ＊

한여름 더위가 마치 한곳에 모인 듯 그곳은 불가마 그 자체였습니다.
주민들 모두가 이주한 텅 빈 재개발 지역, 유독 한 빌라에만 수십 명
의 젊은이들이 따닥따닥 모여 있습니다. 모두 불에 달군 쇠구슬 같
은 해를 머리에 이고 예민해질 대로 예민해진 감독의 사인을 숨죽여
기다리고 있습니다. "컷! OK!" 소리가 고요를 가르자, 좀 전의 뜨거운
긴장감은 풀어지고 눈치 있는 땀도 그제야 턱끝으로 떨어집니다. 감
독님도 본래의 순둥이 눈으로 돌아옵니다.

지금도 매미 소리가 한창이면 영화 〈우리들〉 촬영장이 생각나는데,
벌써 10년이 되었다니 놀랍네요. 그해 여름 같이 땀 흘린 모든 분께
감사드립니다.

영화와 함께 성장한 어린 배우들, 얼굴 한번 등장하지 않았던 문방구
아저씨, 육교 위에서 늦은 새벽까지 열심히 걸어 엉덩이로 등장한 아
내와 지금은 중학생이 된 아들. 극 중 아내 역을 했던 장혜진 배우와
이 마법 같은 일을 만든 윤가은 감독님, 모든 스태프들, 제작사 아토
식구들. 그때의 인연들이 지금까지 이어져 시시때때로 서로 안부를

묻는 정말 가족 같은 사람들이 되었네요.

함께하는 모든 순간이 좋았지만 극 중 아내 혜진 씨와 아버지 상을 끝내고 돌아와 늦잠 자는 장면이 있었는데 실제로 코를 골고 잠이 들었던 순간이 특히 기억에 남네요. 그렇게나 편안하고 다정한 현장이었습니다.

학교에 강의를 가면 영화 잘 봤다며 알은체하는 아이들을 봅니다. 아이들에게도, 그리고 저에게도 〈우리들〉은 참 다정한 영화였습니다.

다시 한번 감사합니다.

✳   ✳   ✳   배우 **김태엽** (담임 역)   ✳   ✳   ✳

뭔가 재밌는 것들이 참 많은 세상입니다.

그래서 오래 기억되는 건 더 귀해집니다.

이 아름다운 영화의 한 귀퉁이에 얼굴을 남긴 것을 10년간 자랑하고 다녔습니다.

앞으로도 10년은 더 자랑할 수 있을 것 같습니다.

정말이지 감사한 일입니다.

우리들

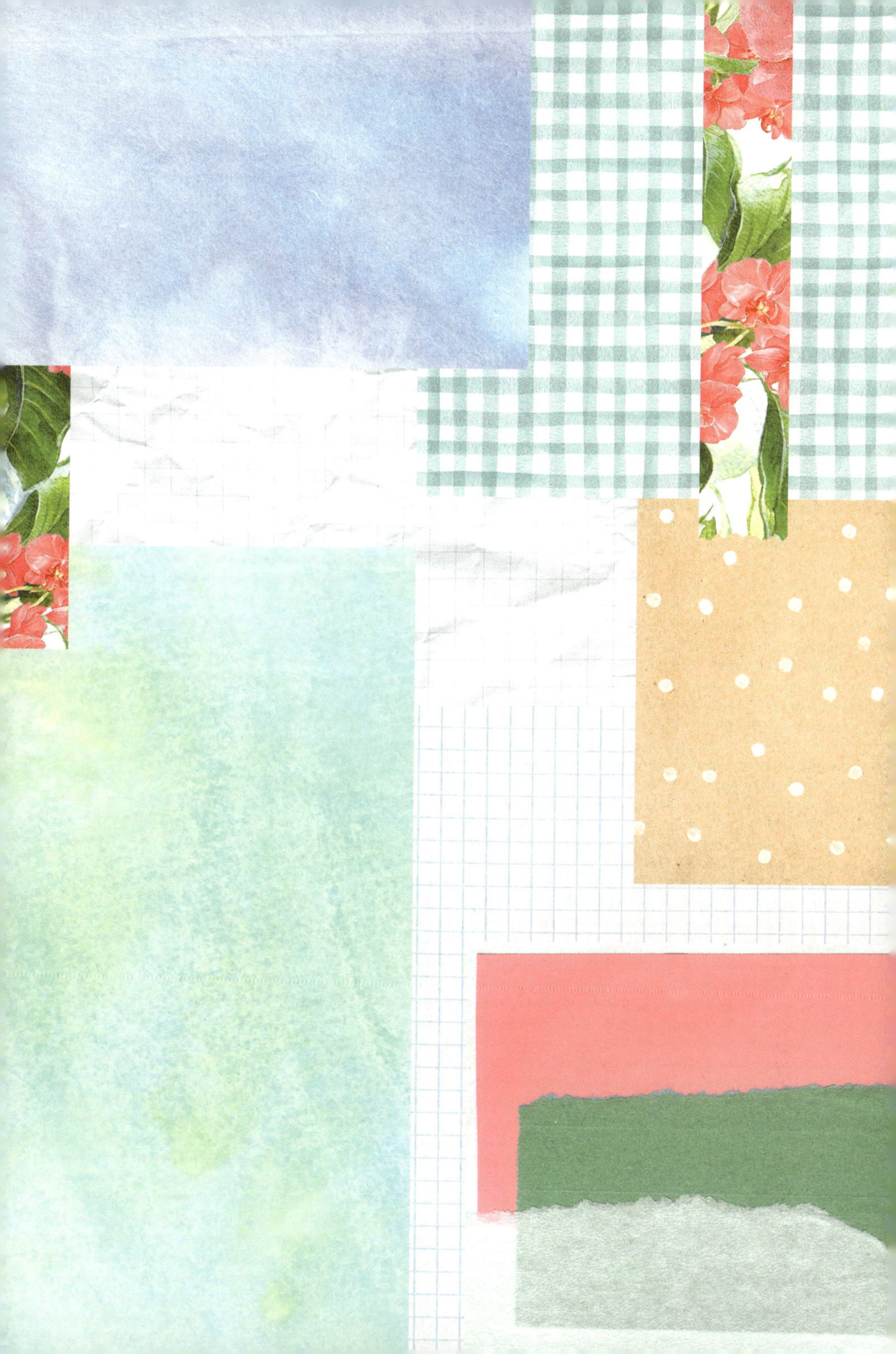

THE WORLD OF US

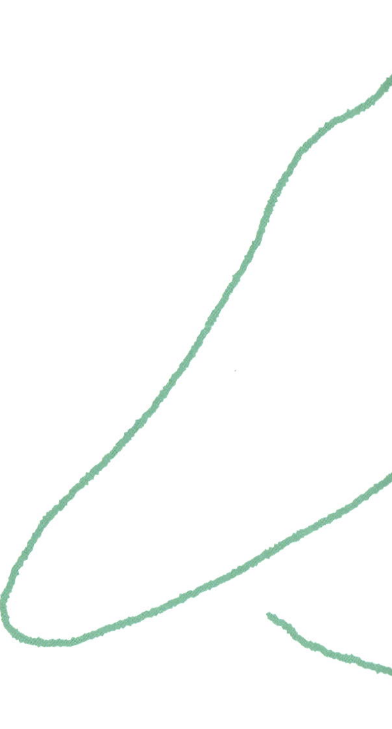

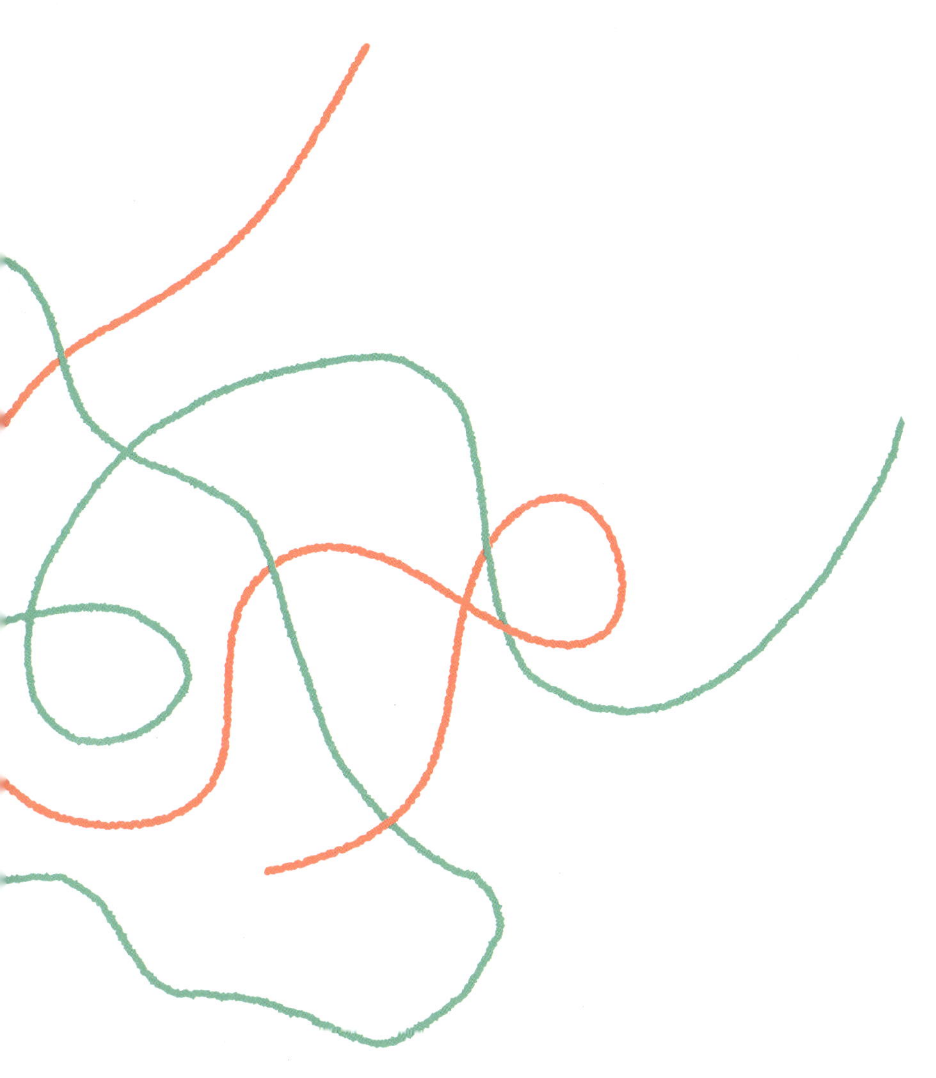

스틸 & 비하인드 컷

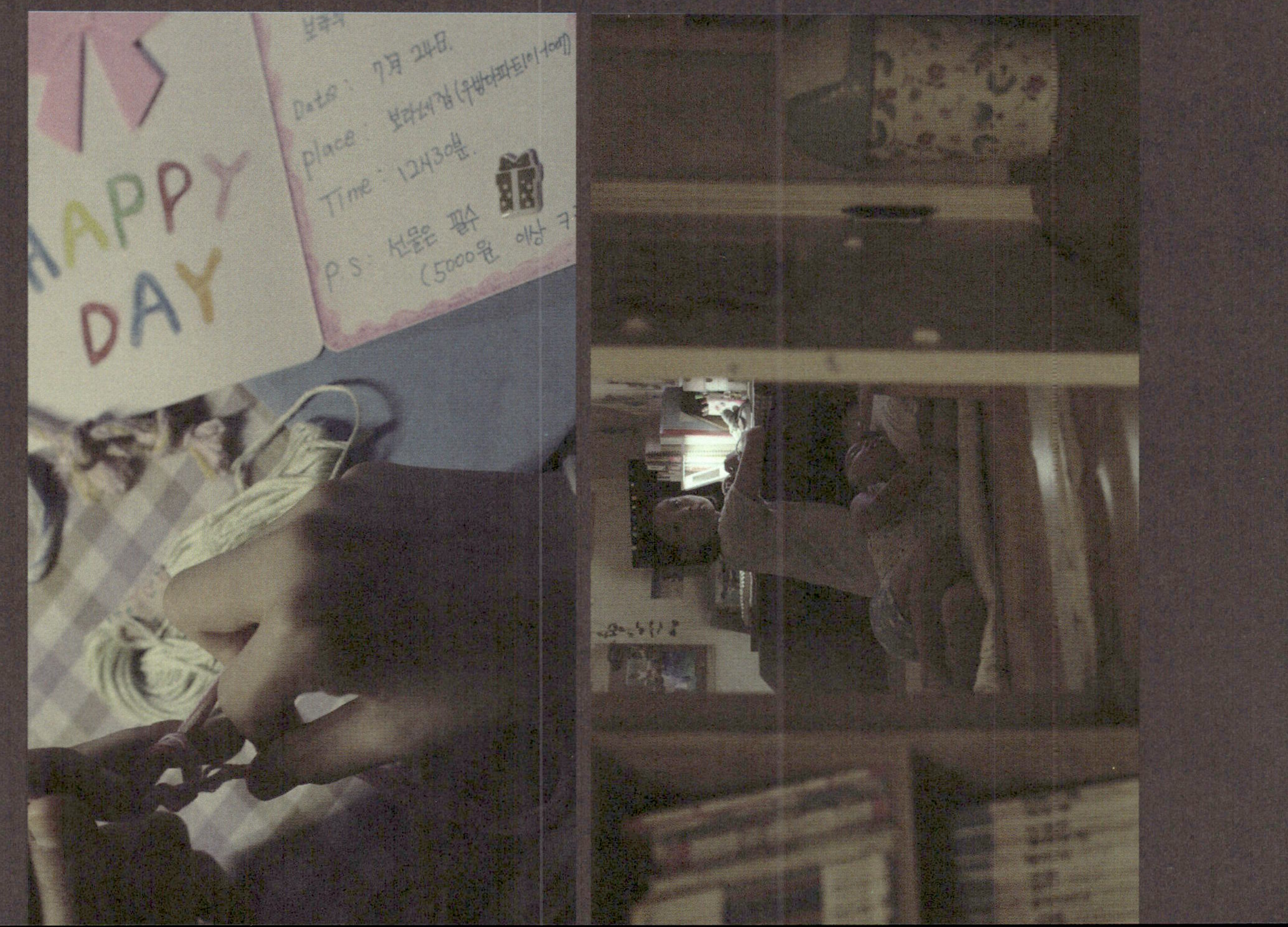

HAPPY
DAY
Date : 7月 24日.
place : 보라서갈(우방아파트1[0]예)
Time : 12시430분.
P.S : 선물은 필수
(5000원 이상 구...)

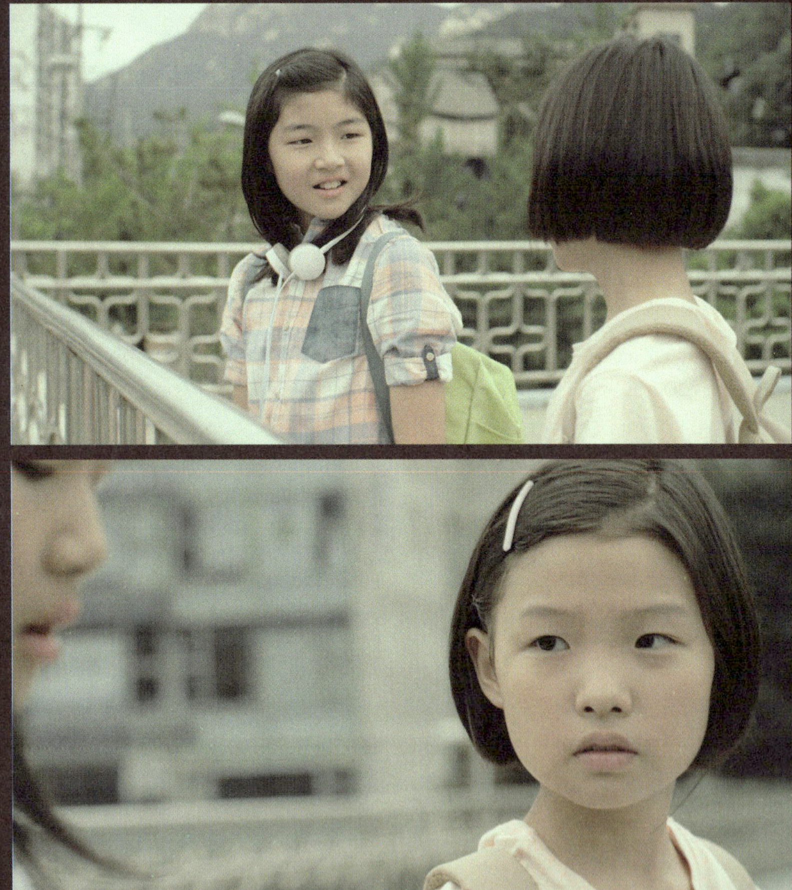

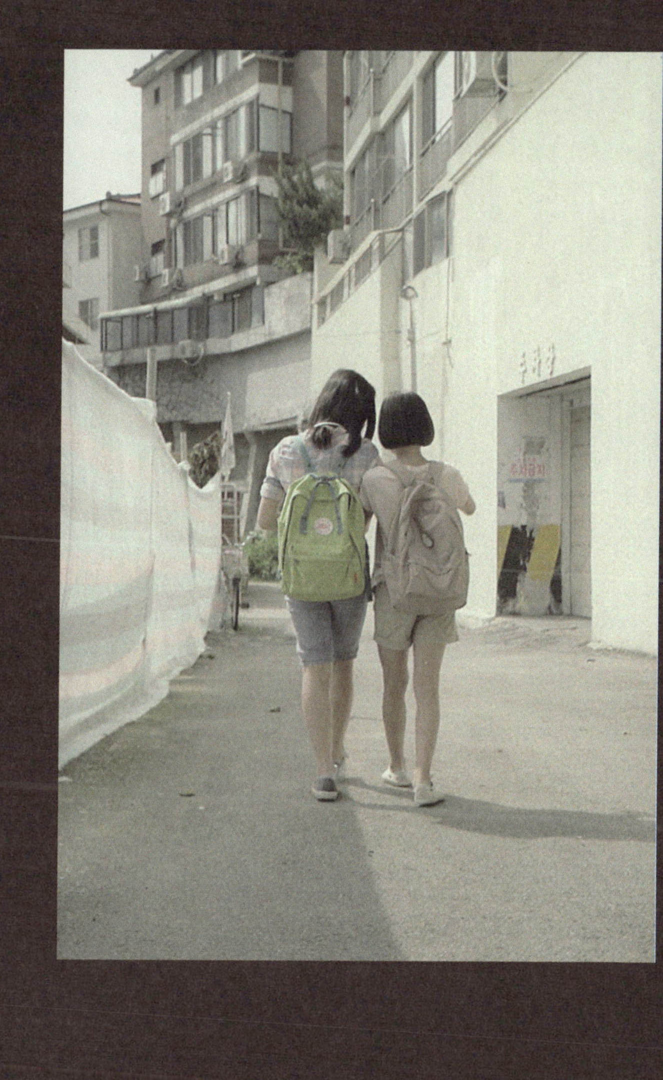

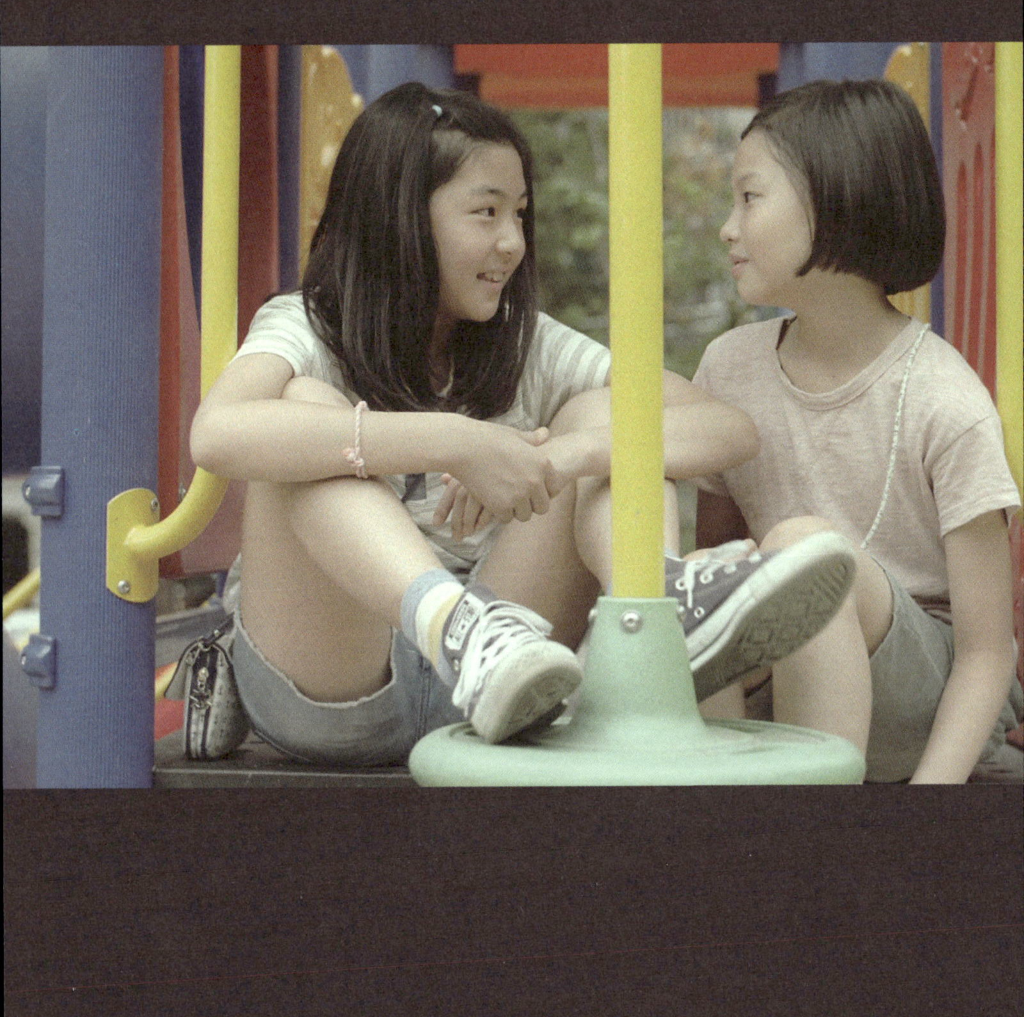

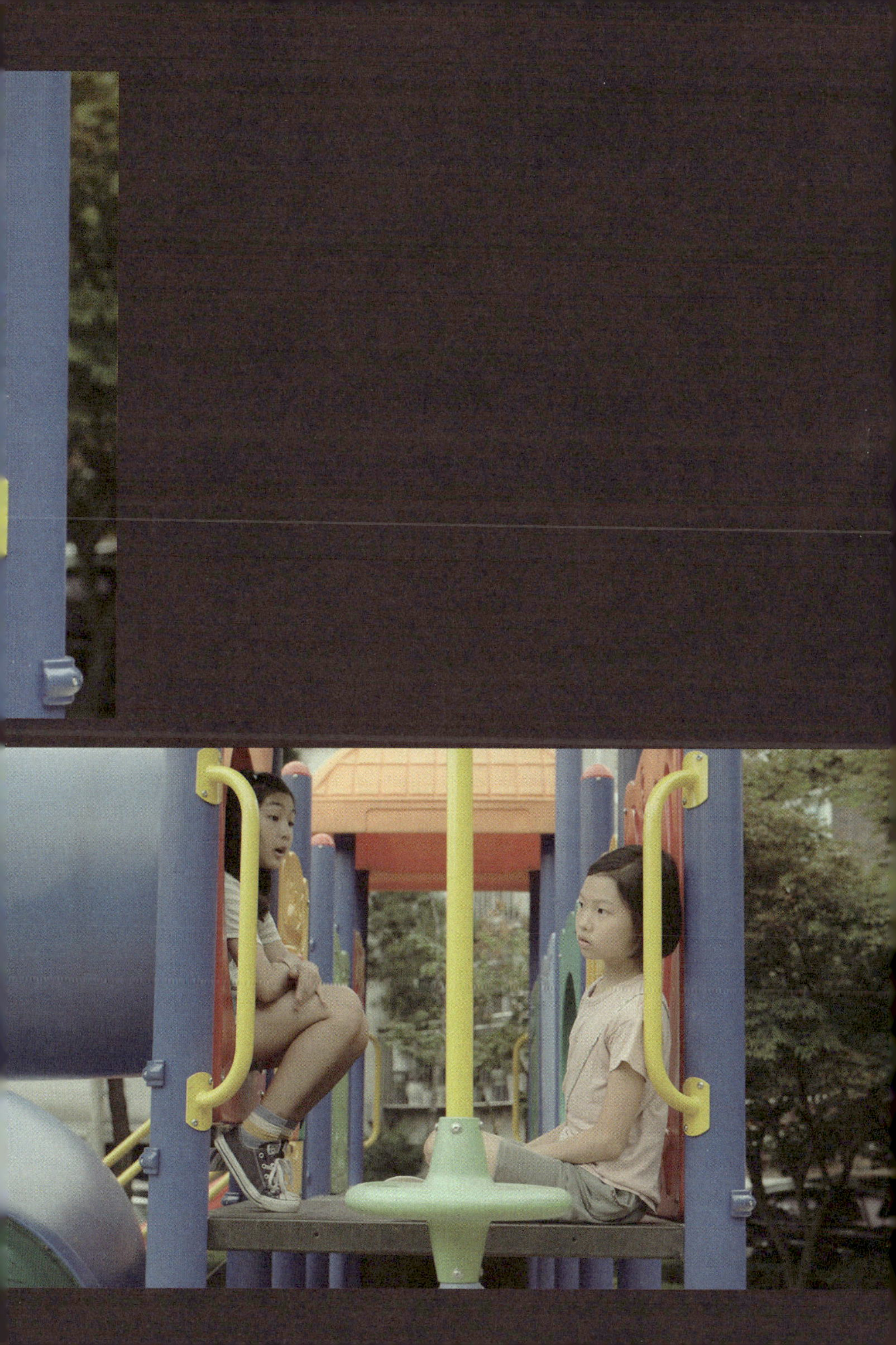

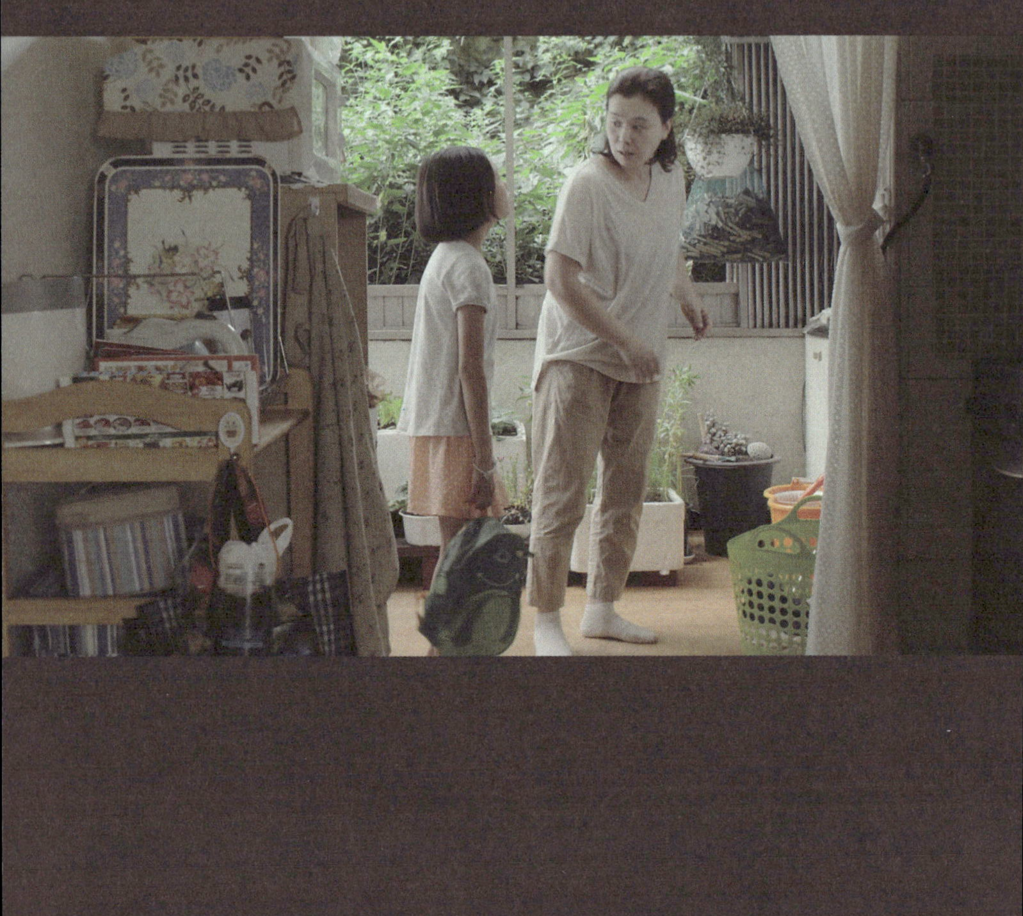

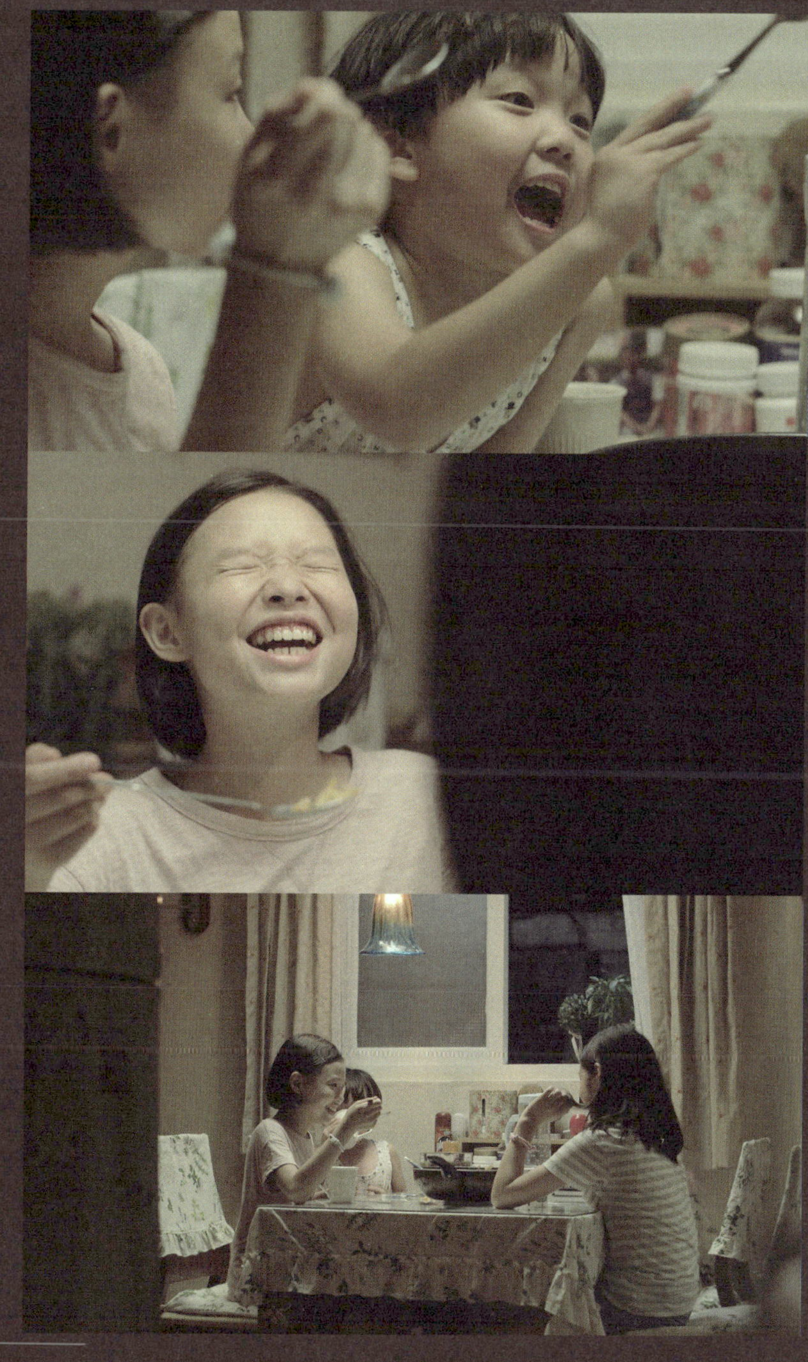

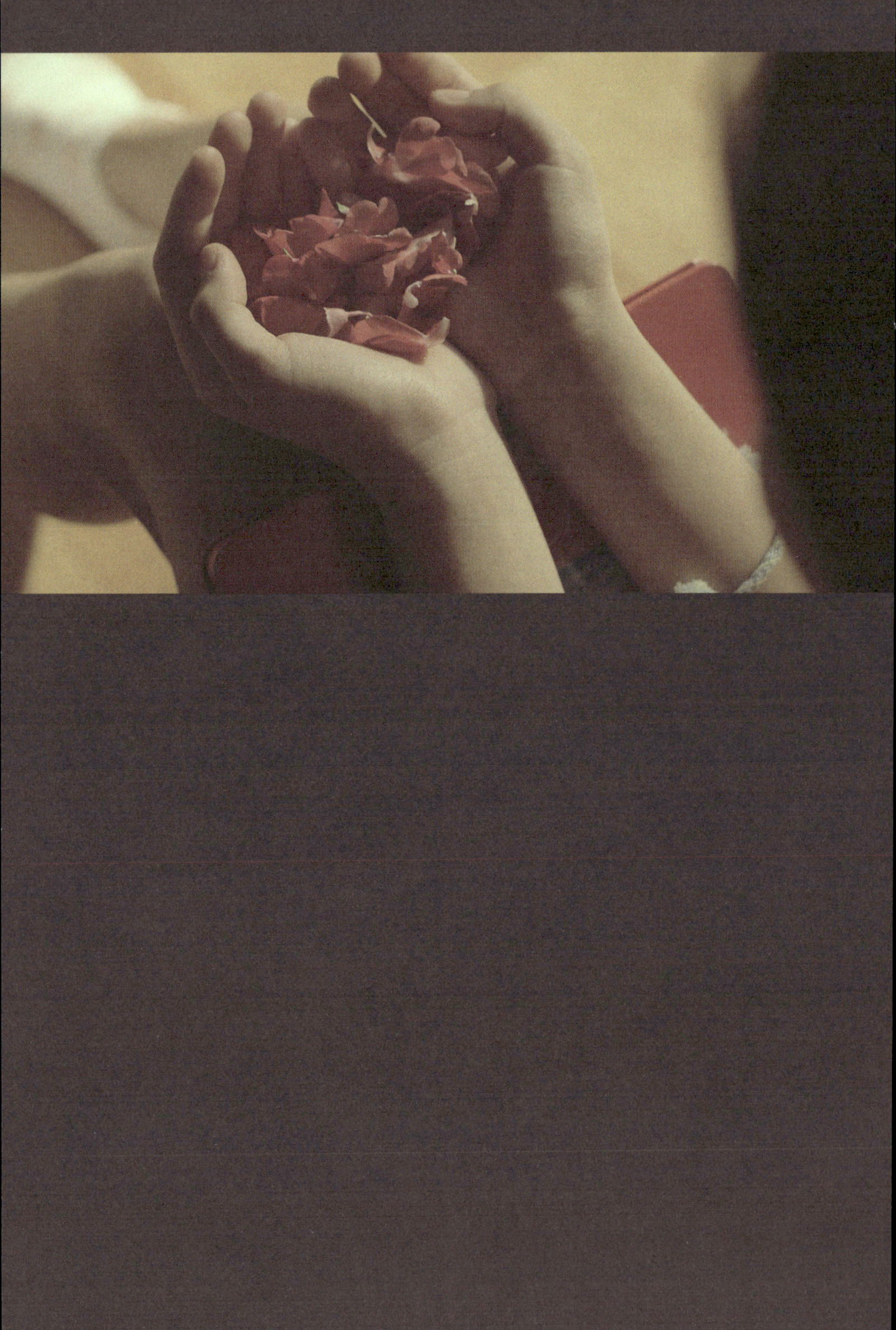

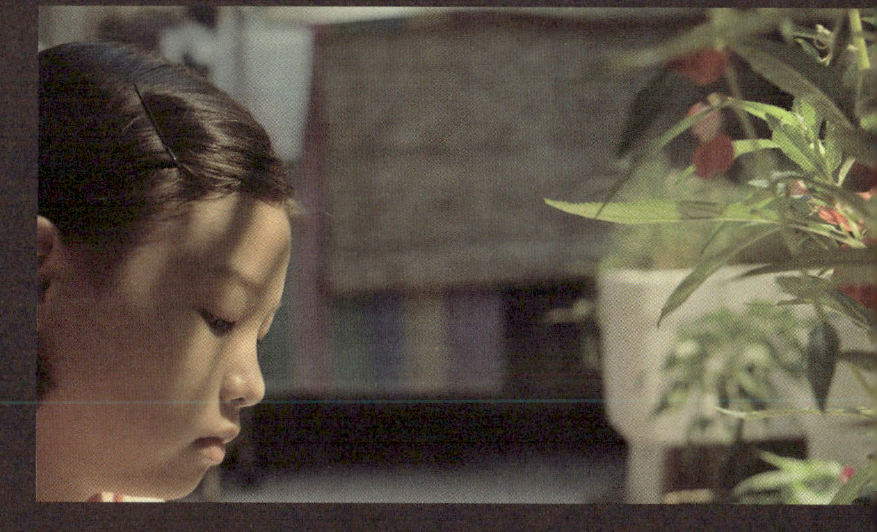

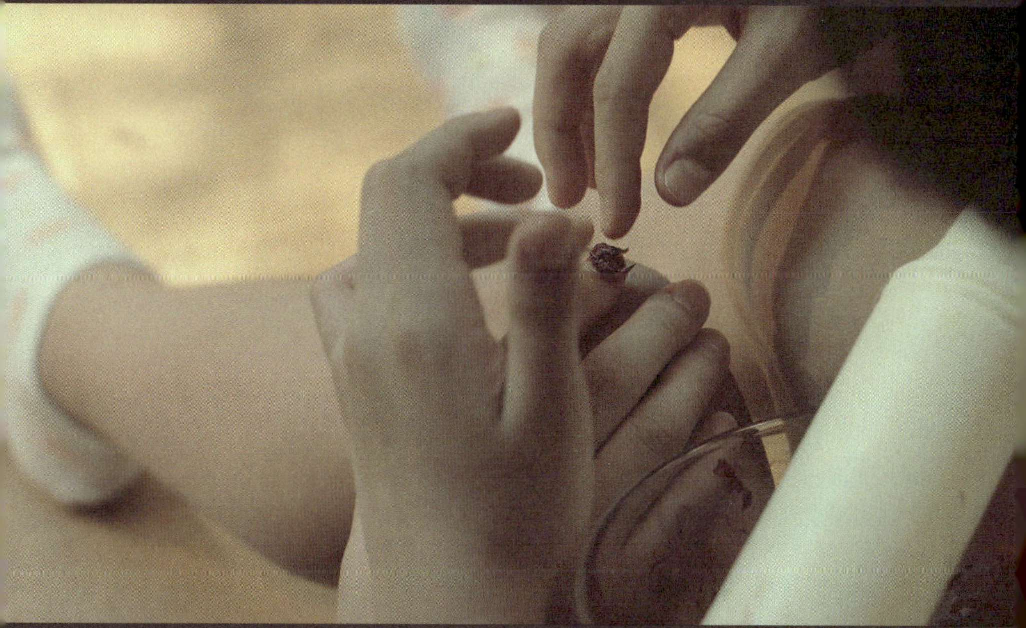

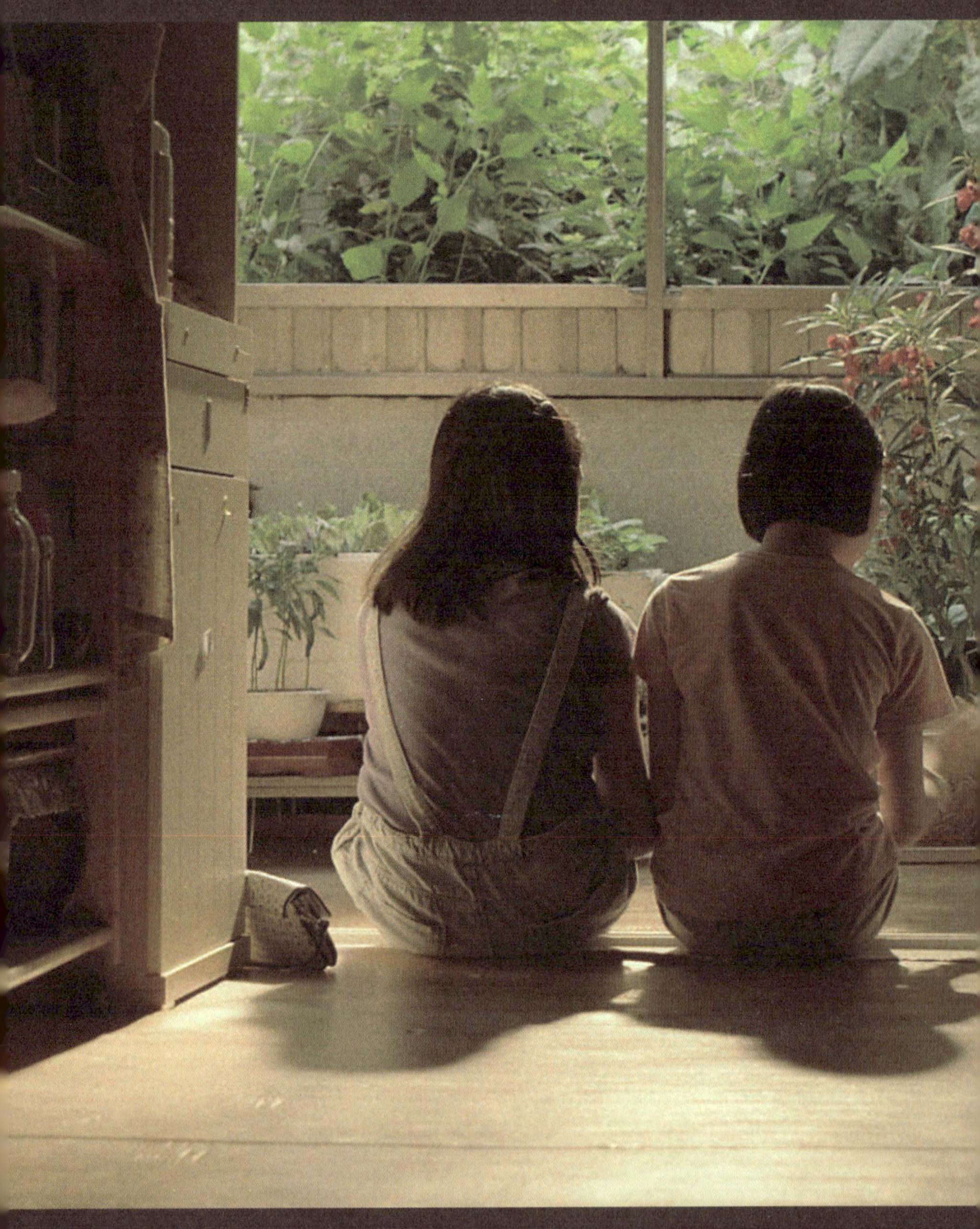

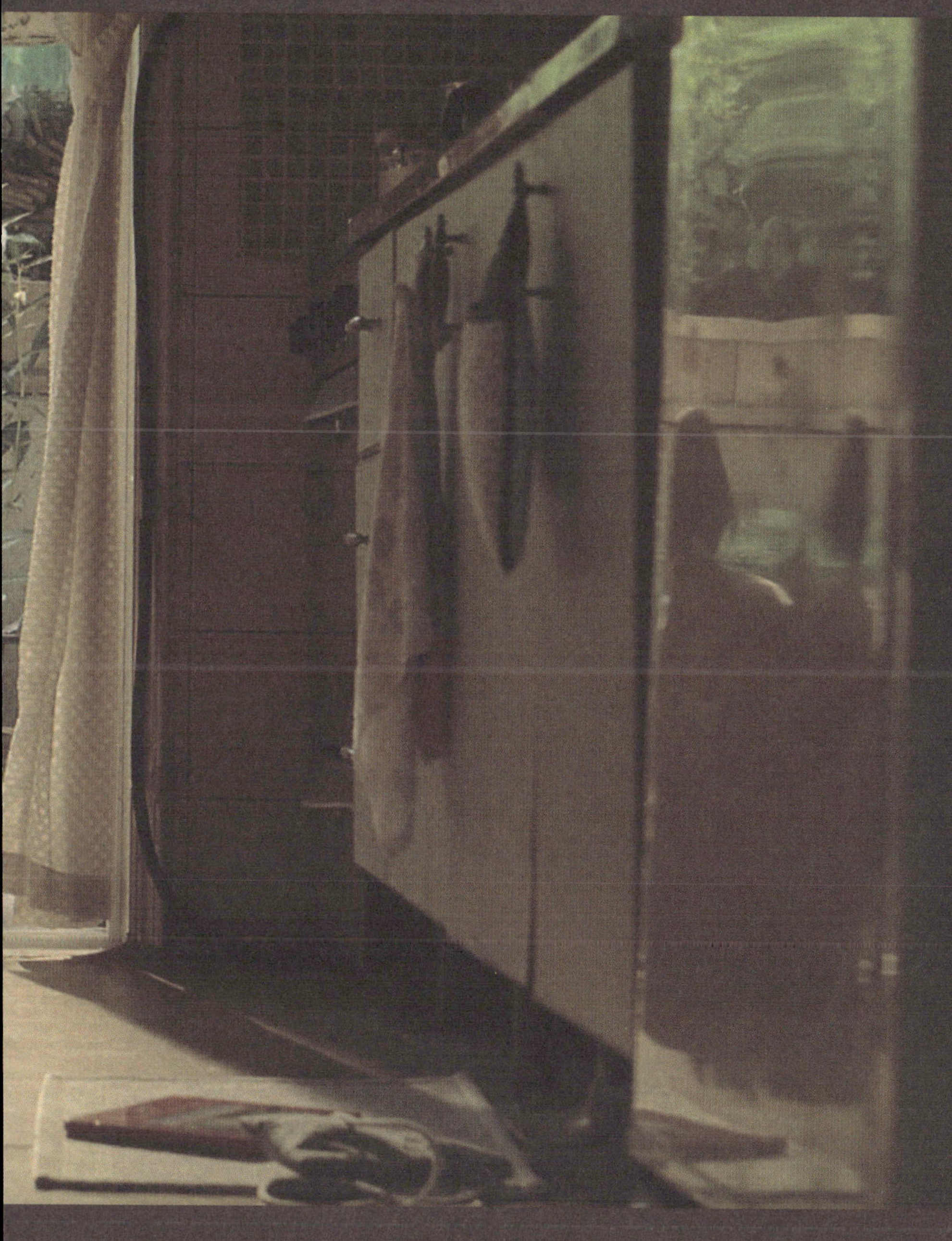

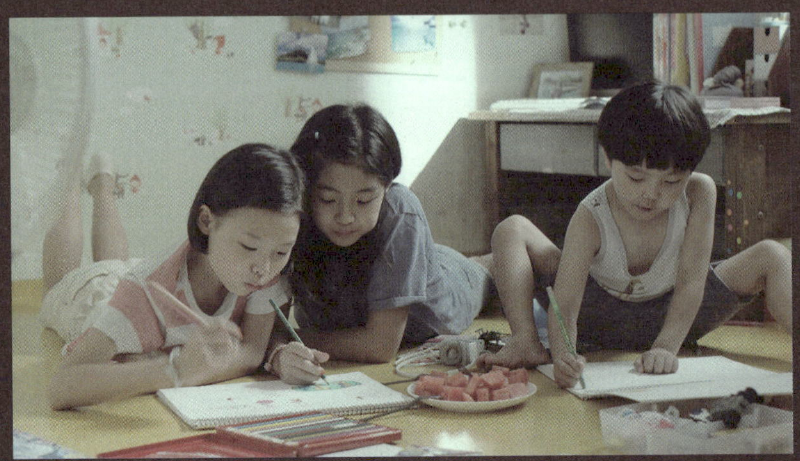

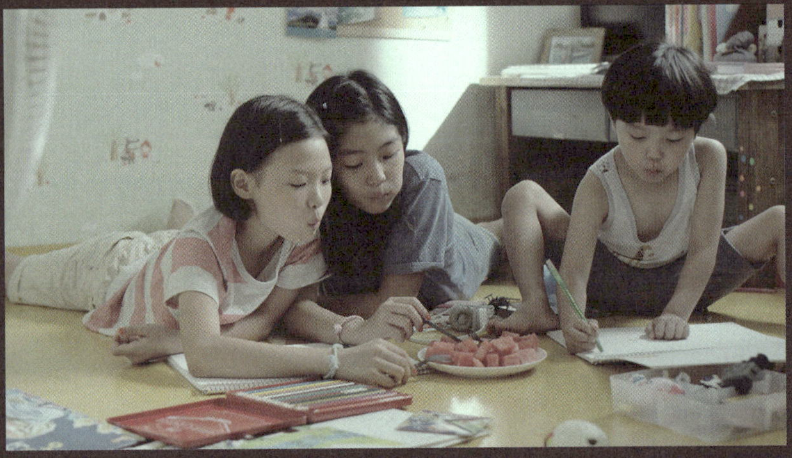

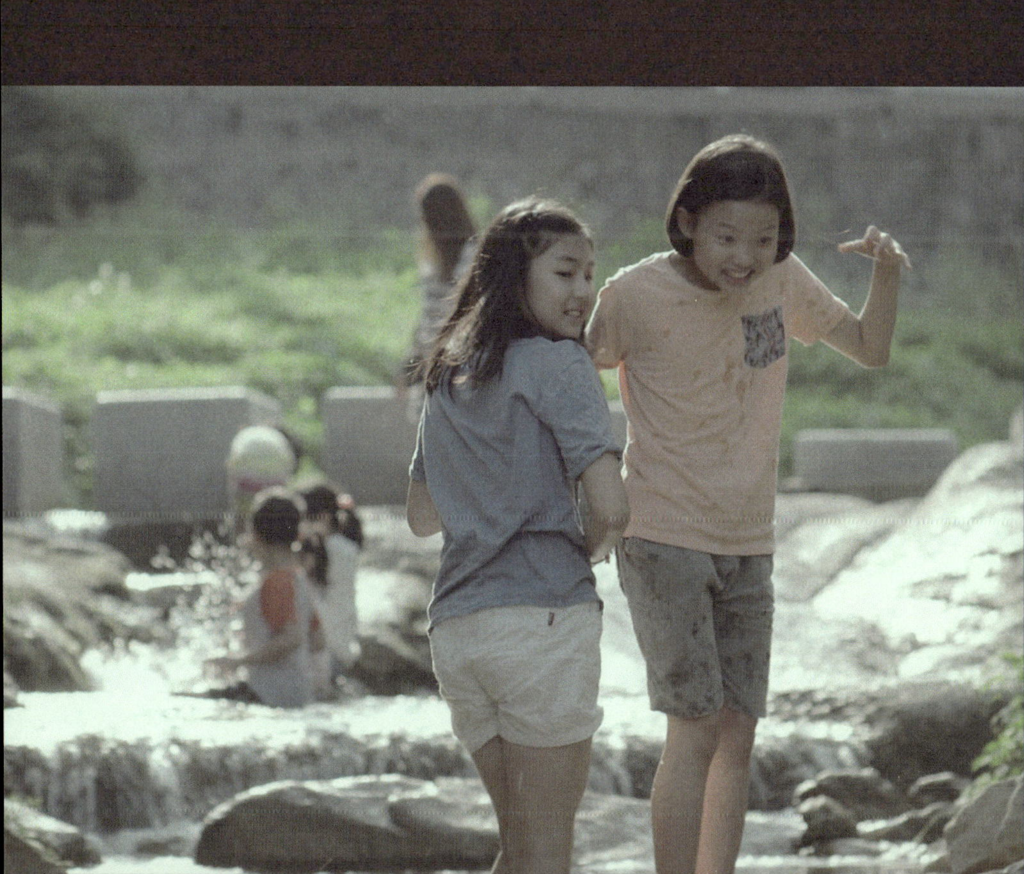

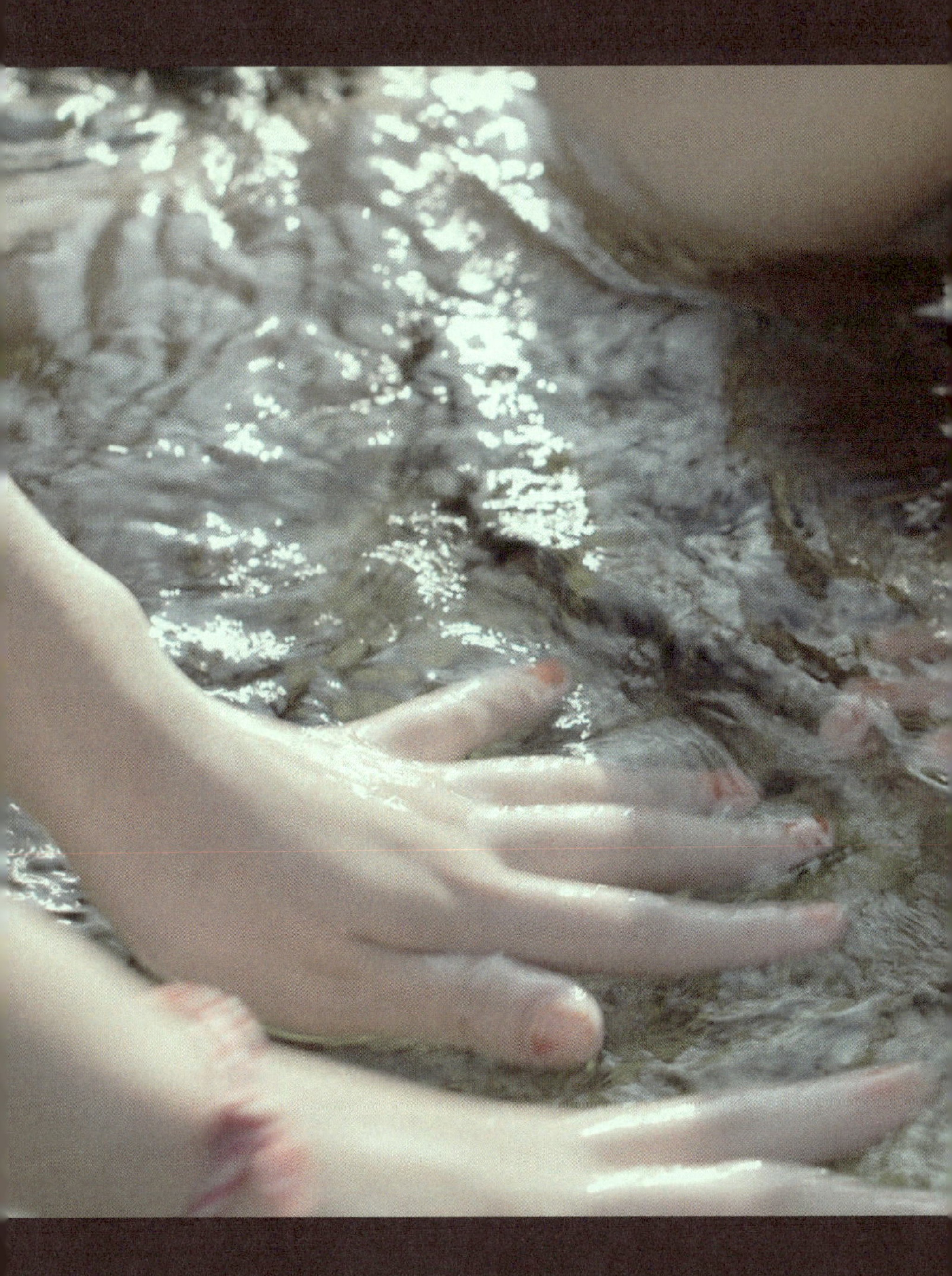

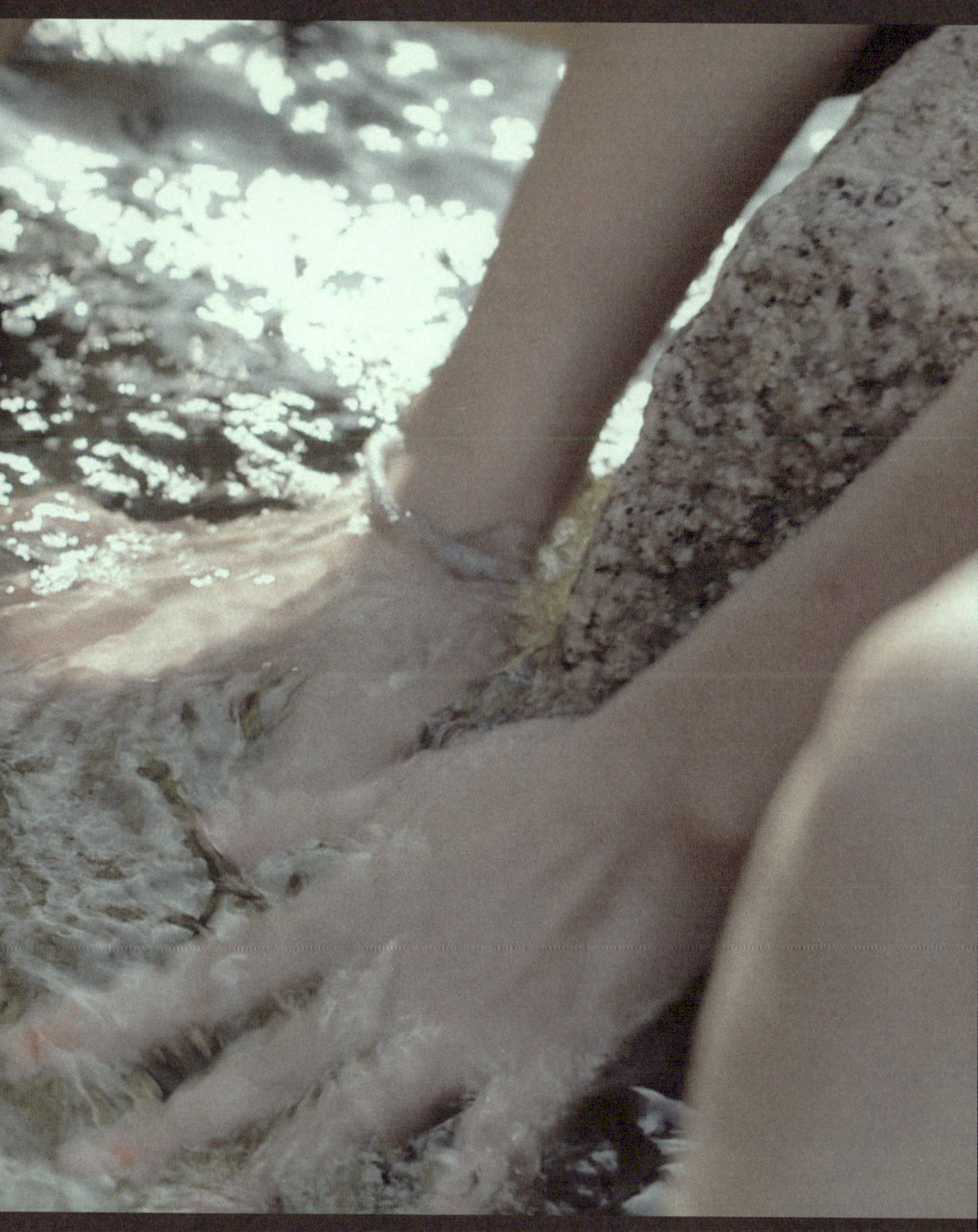

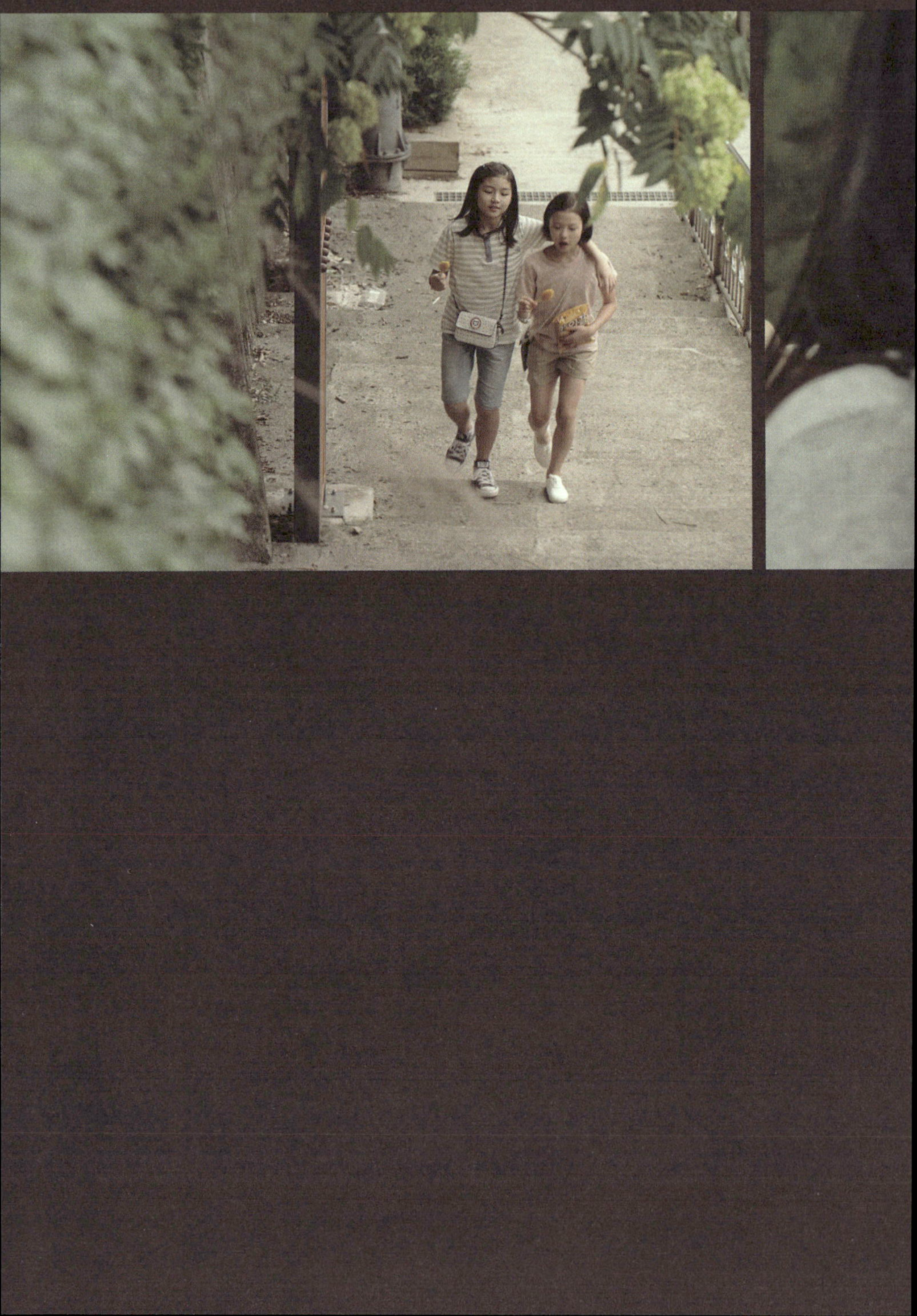

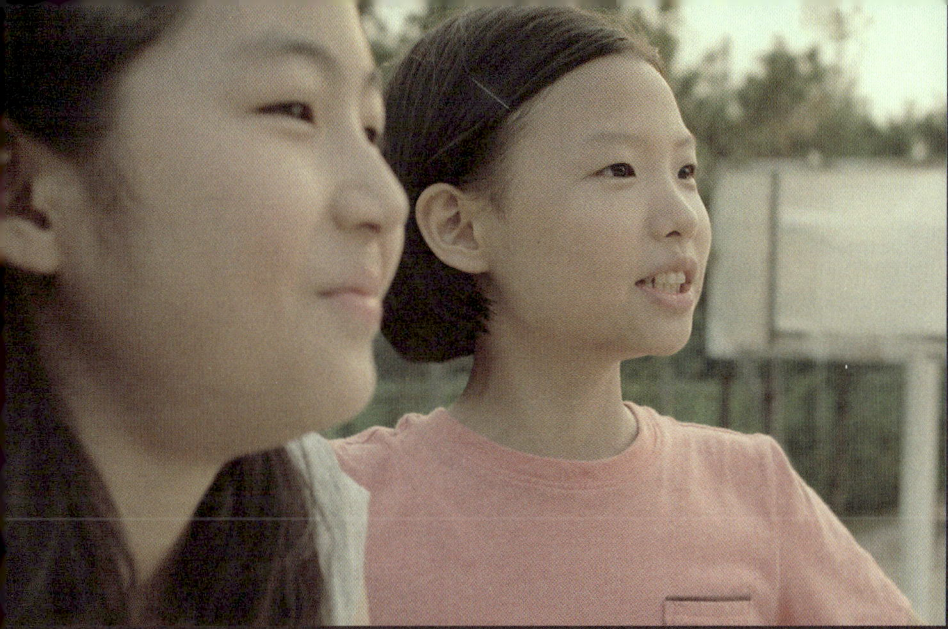

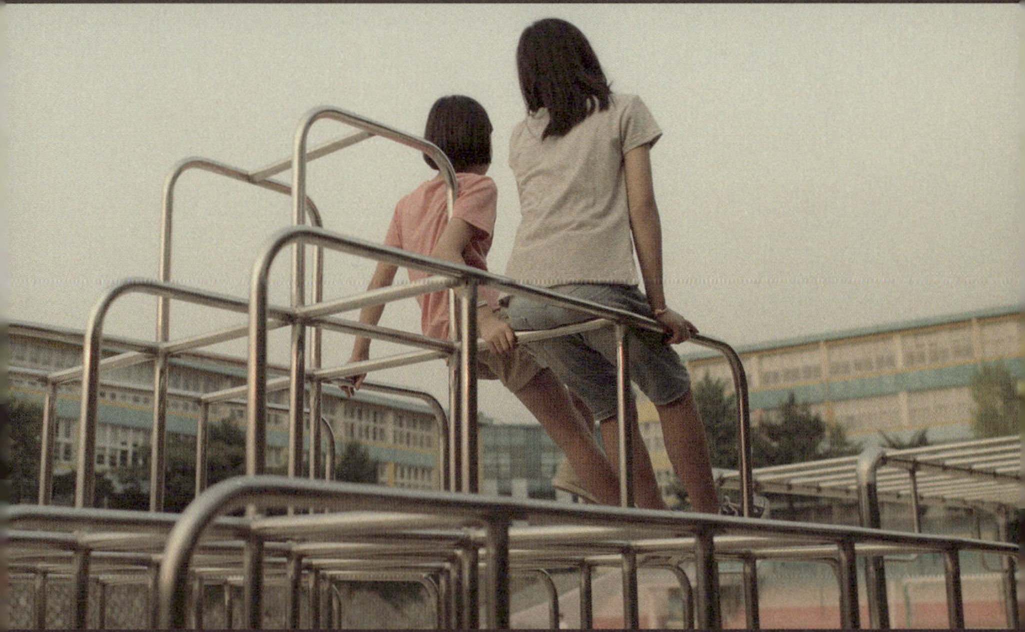

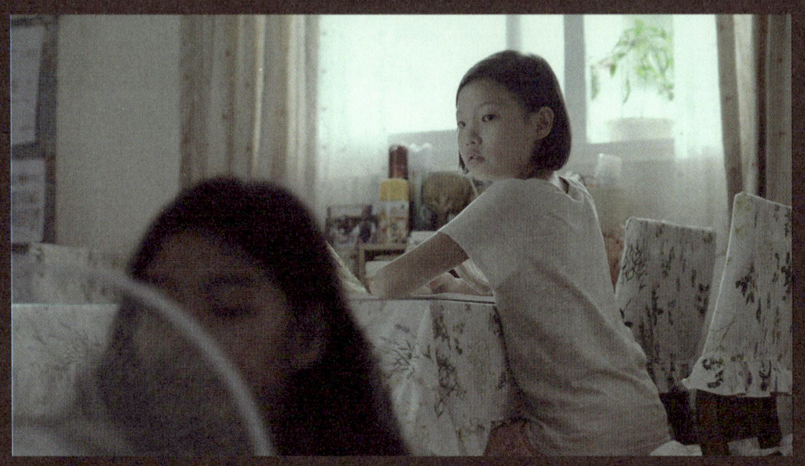

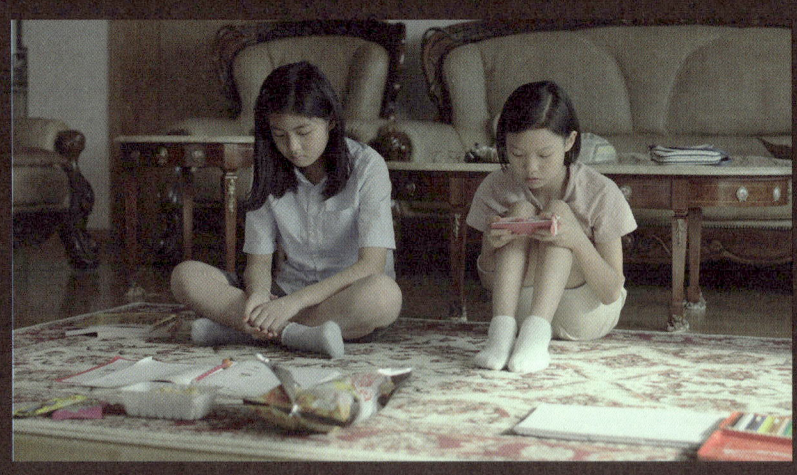

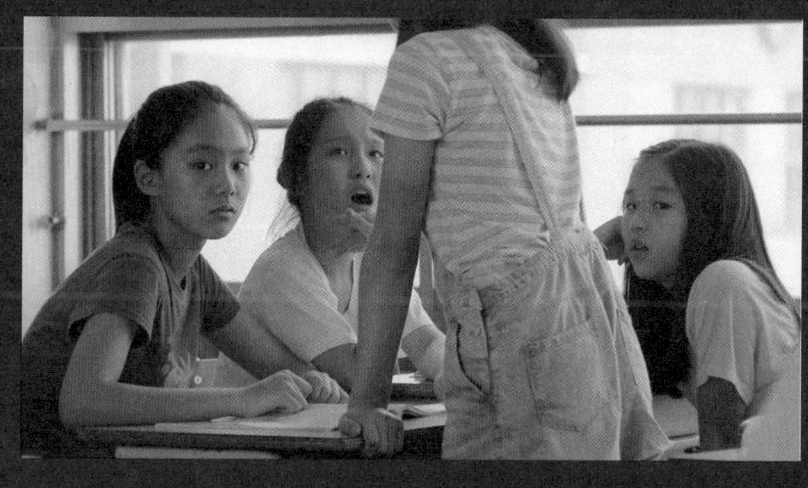

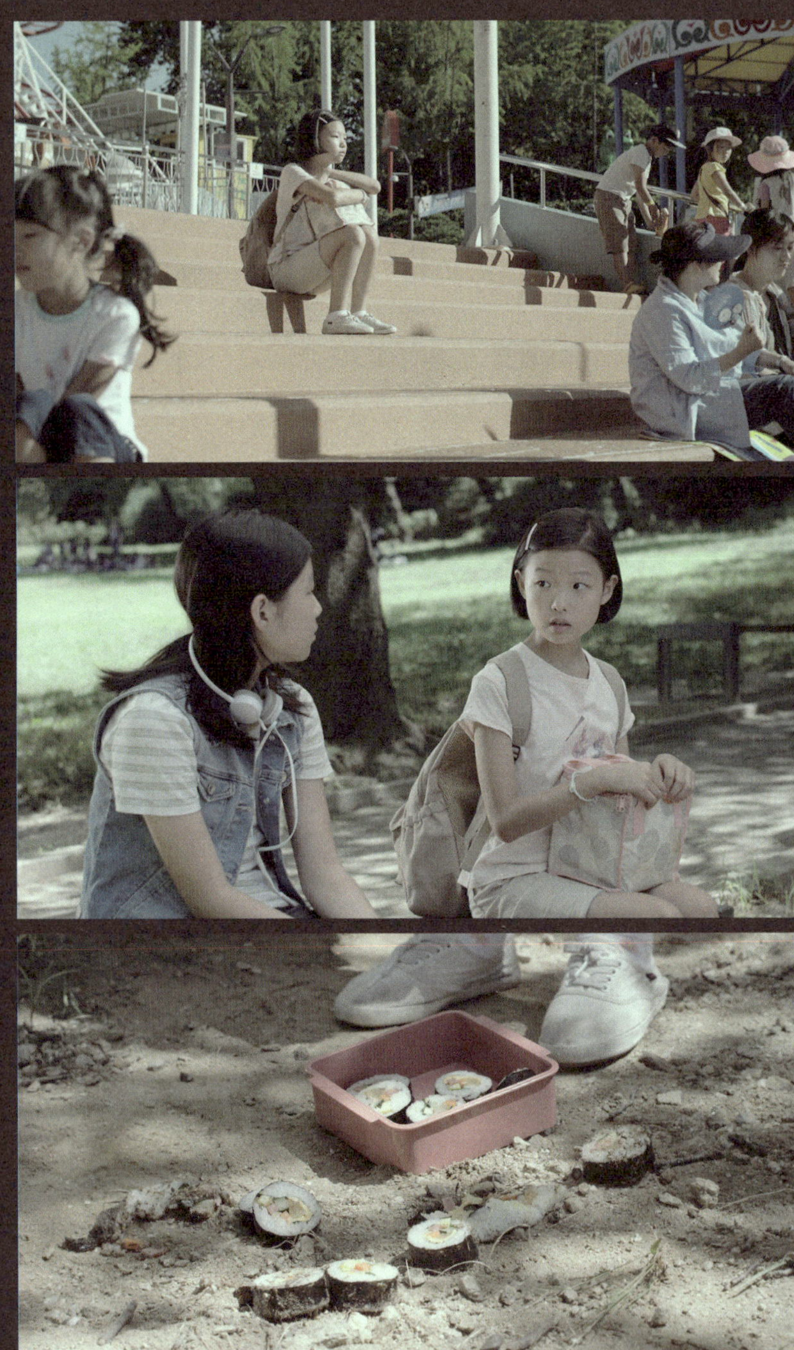

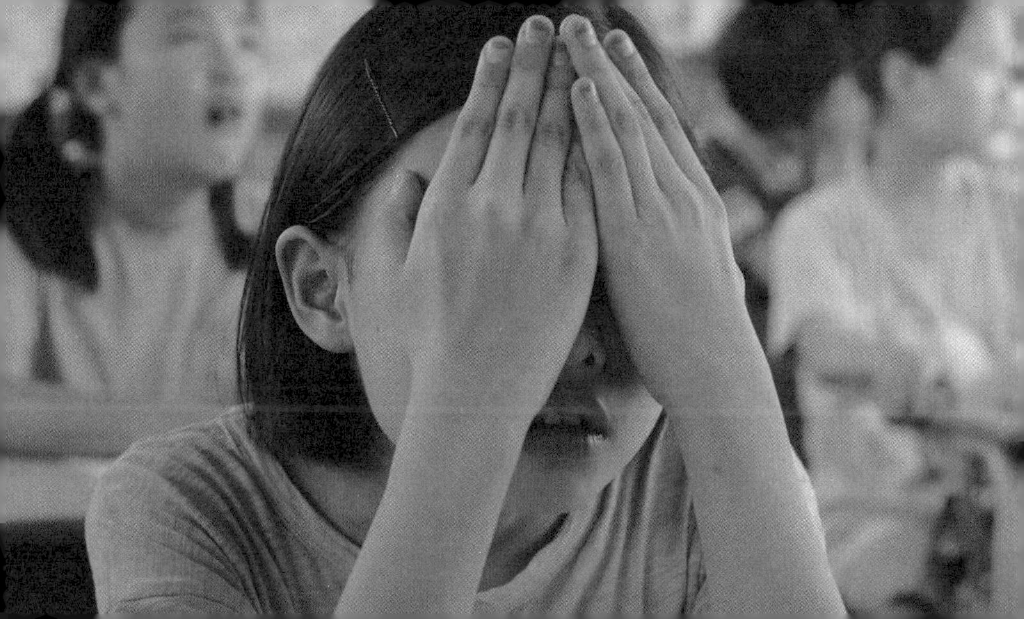

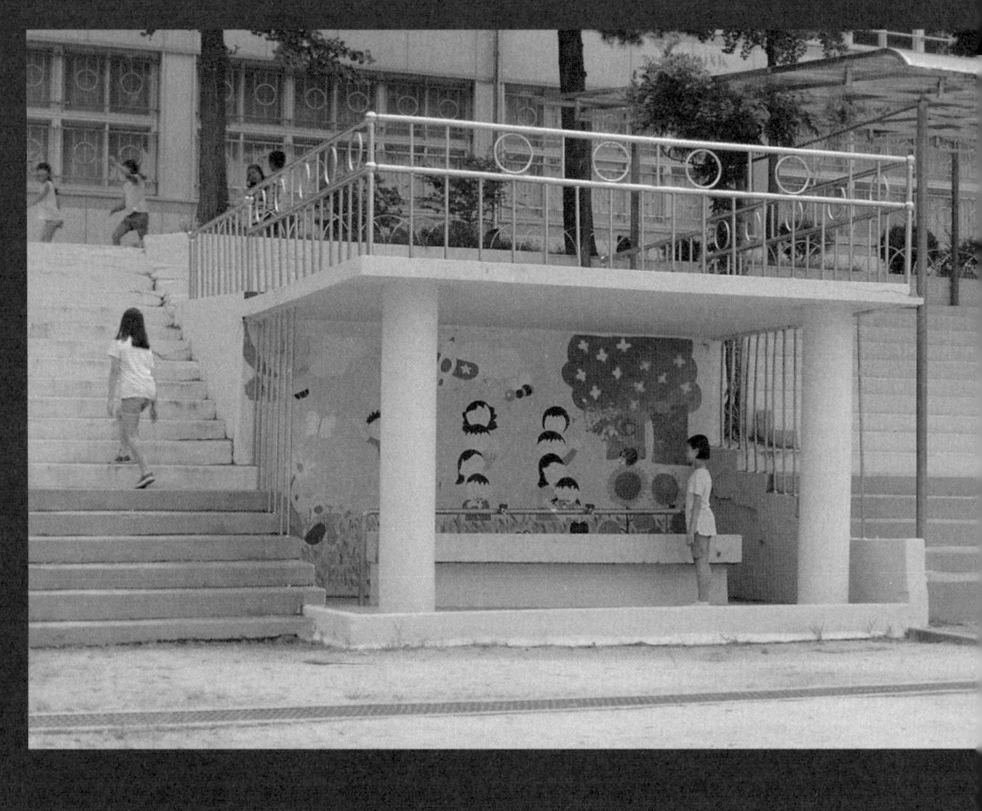

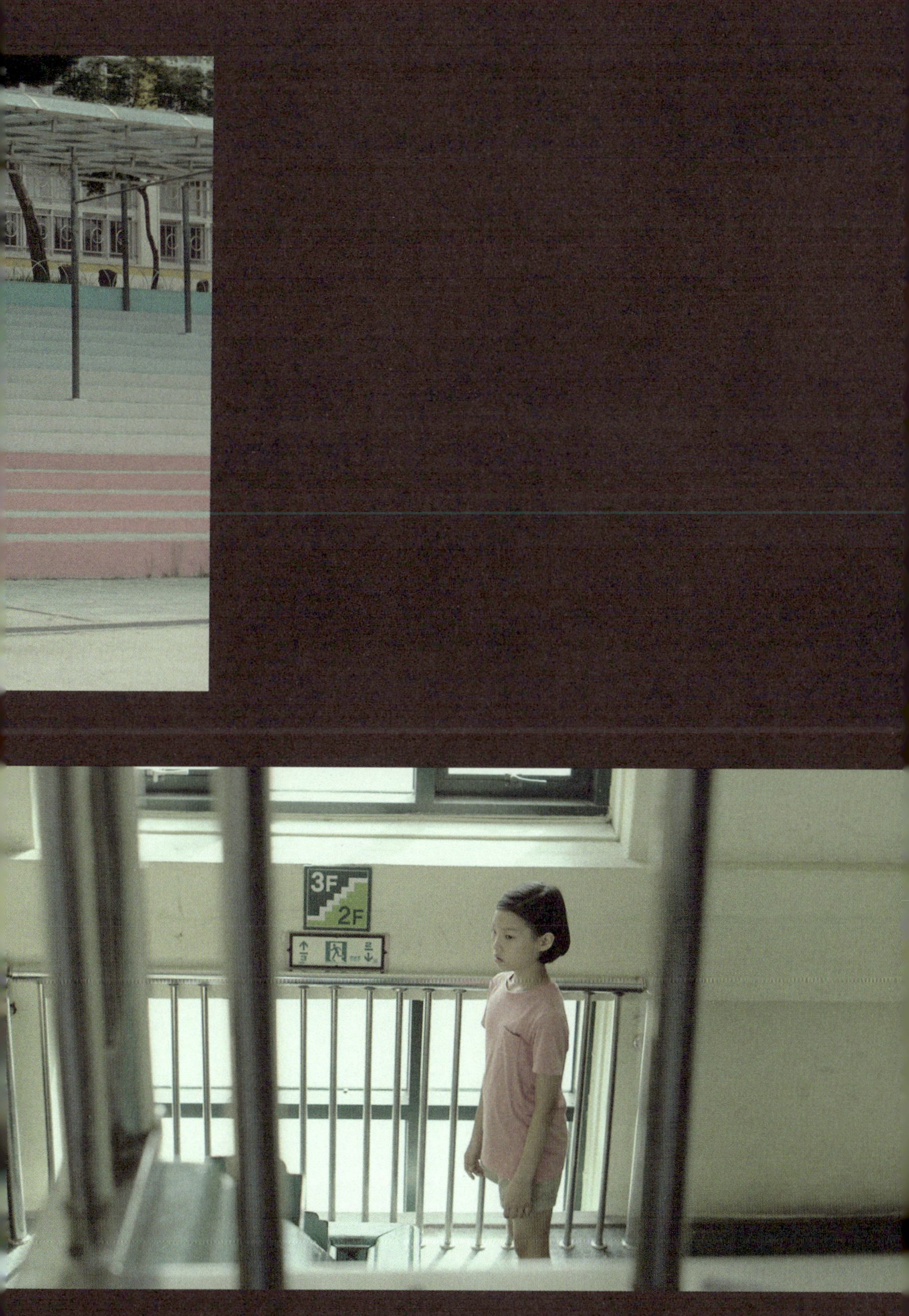

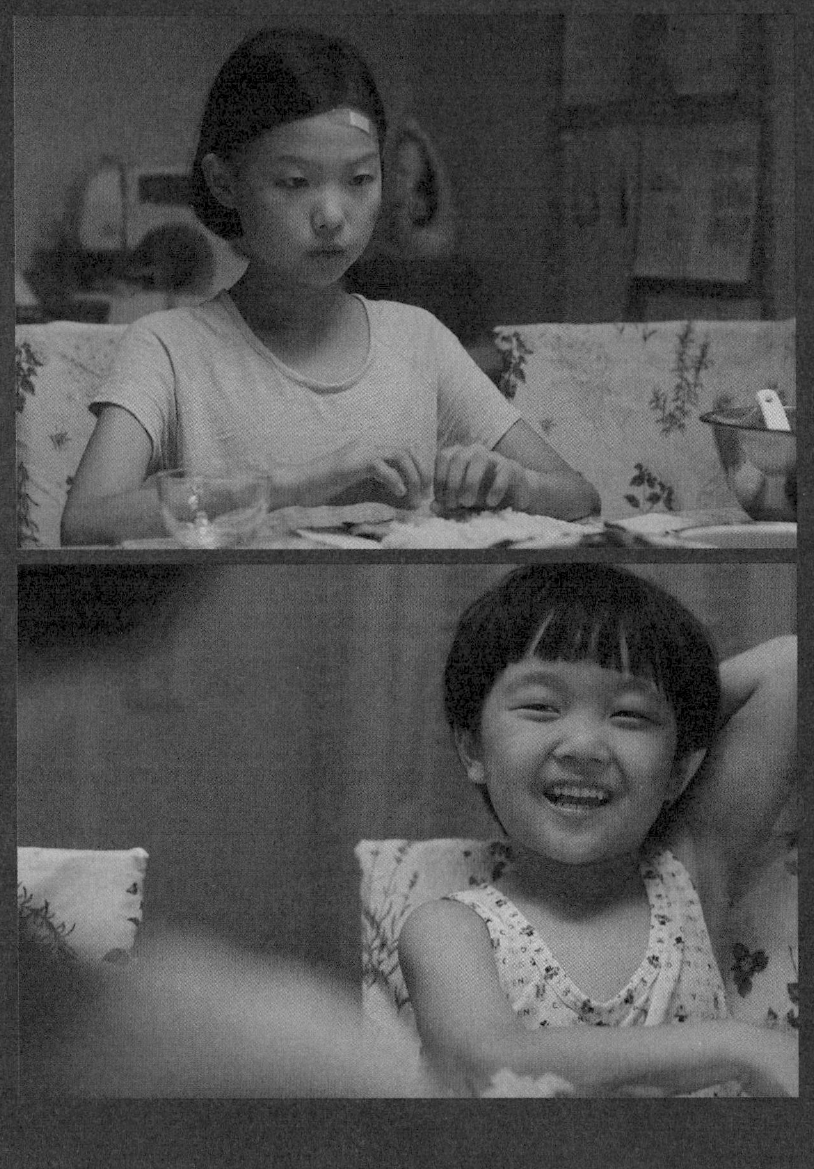

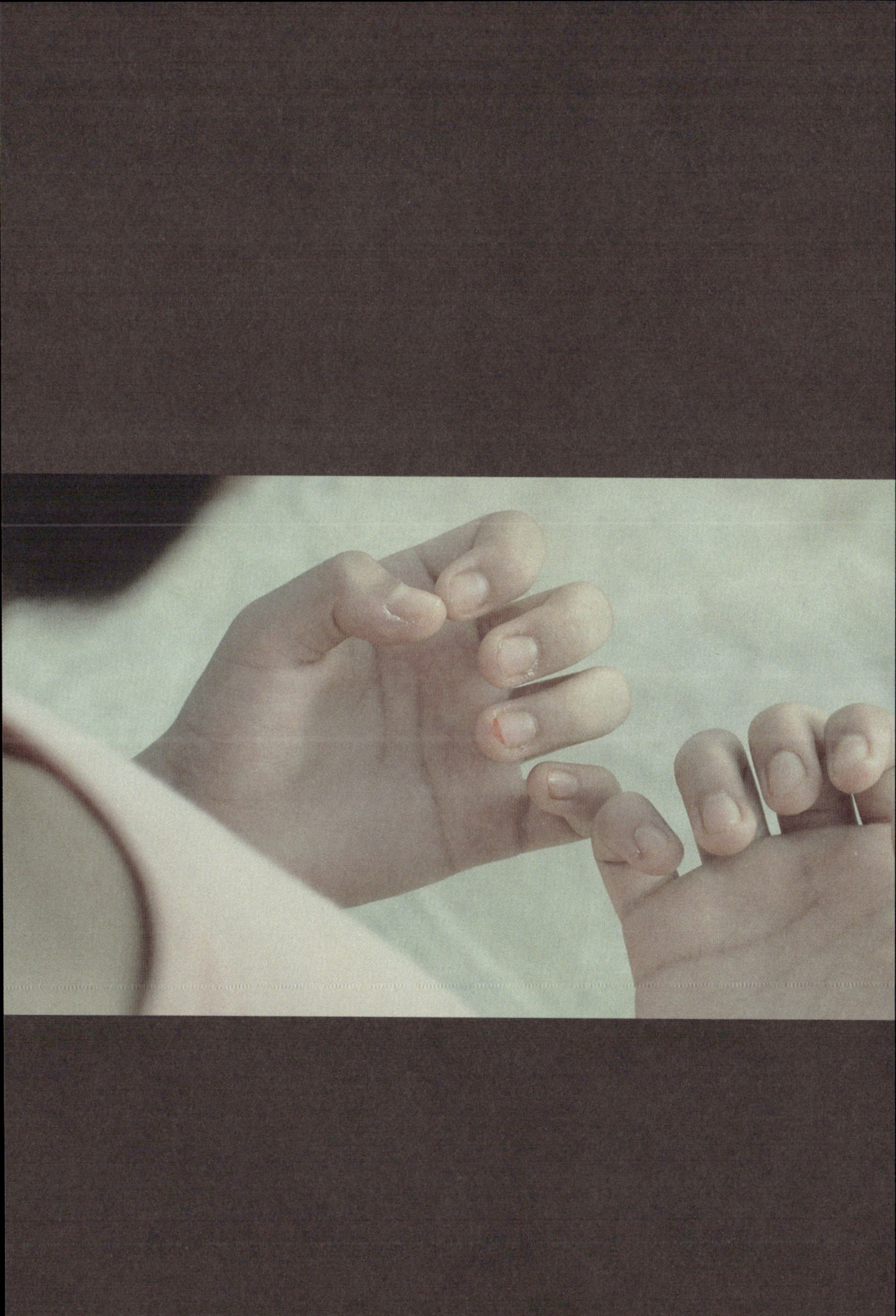

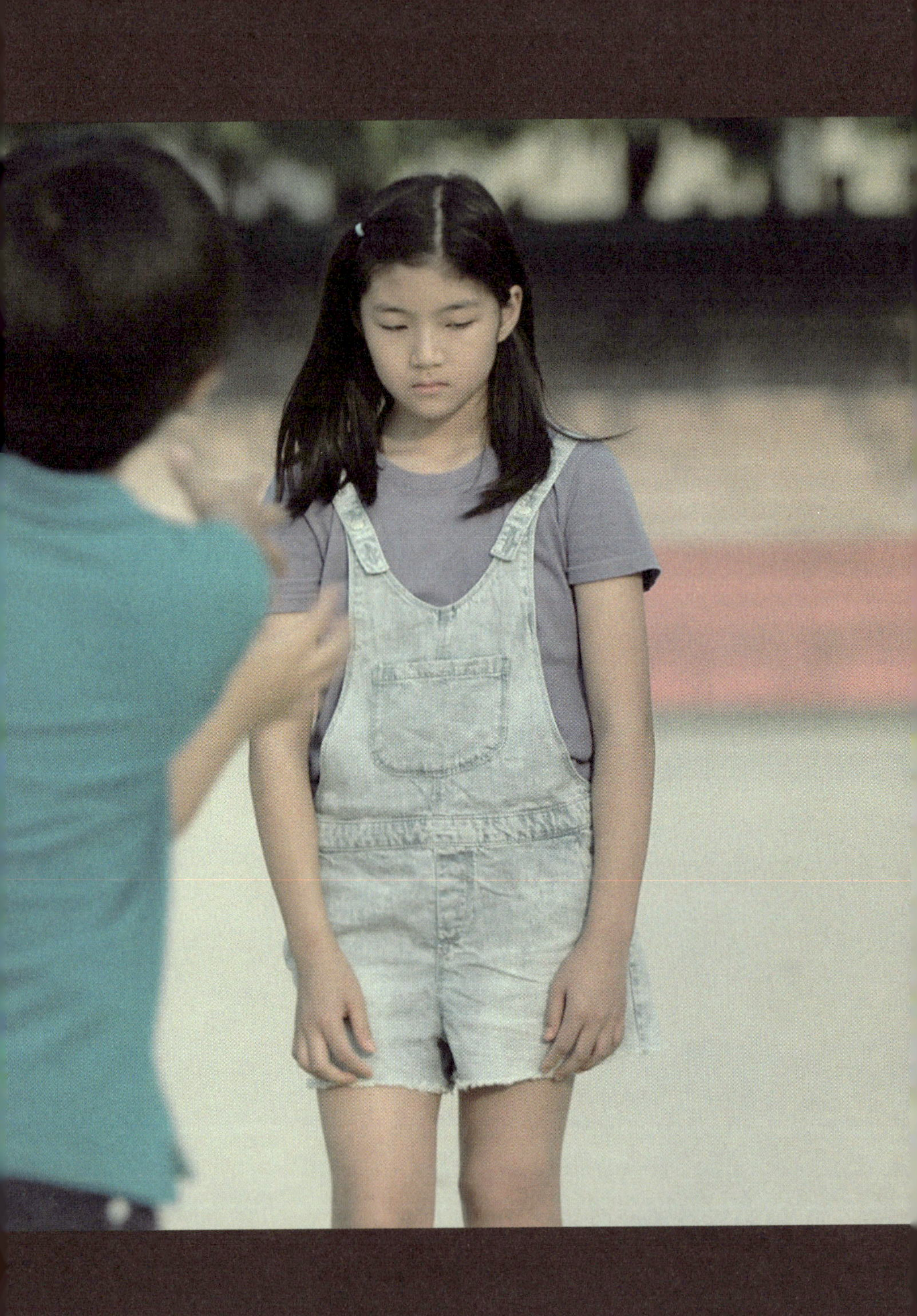

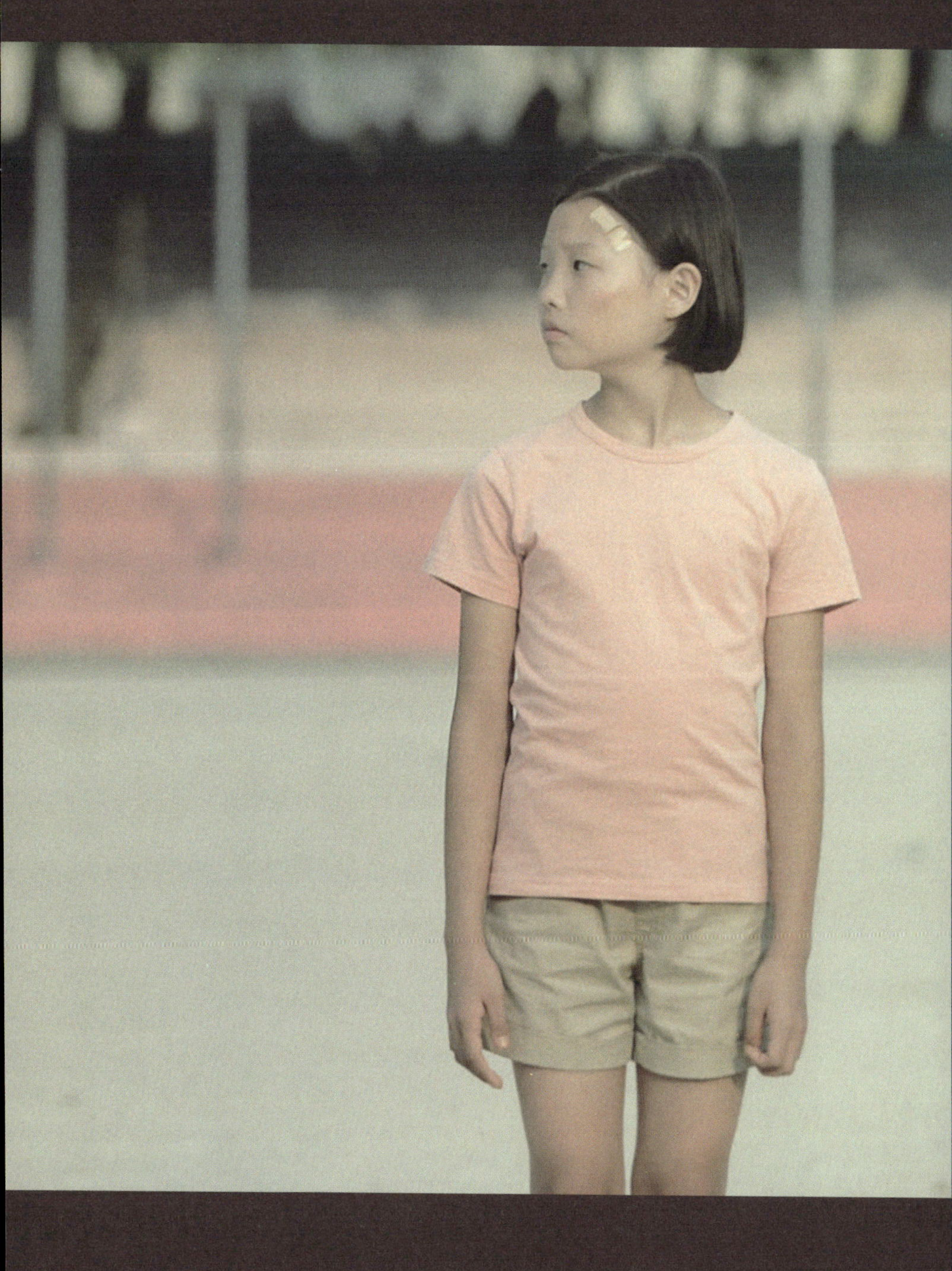

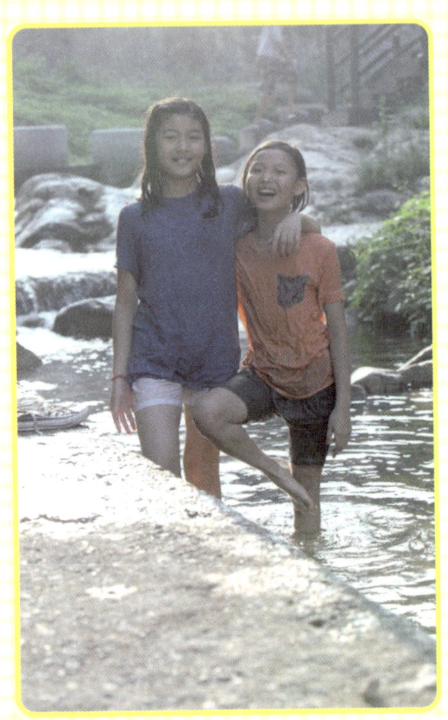

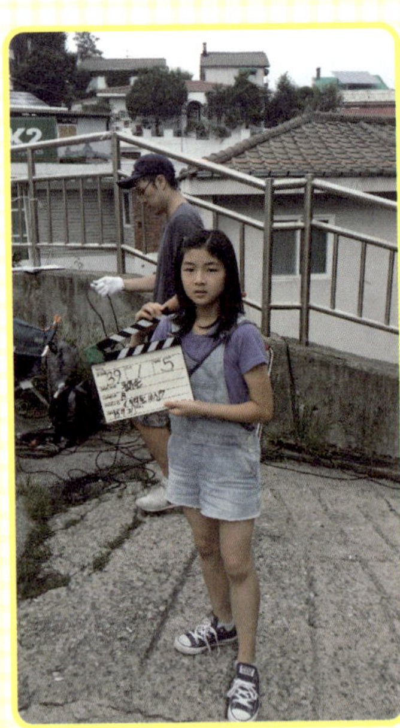

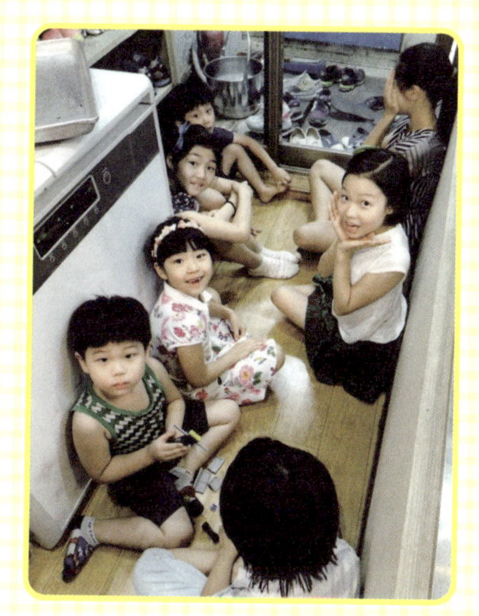

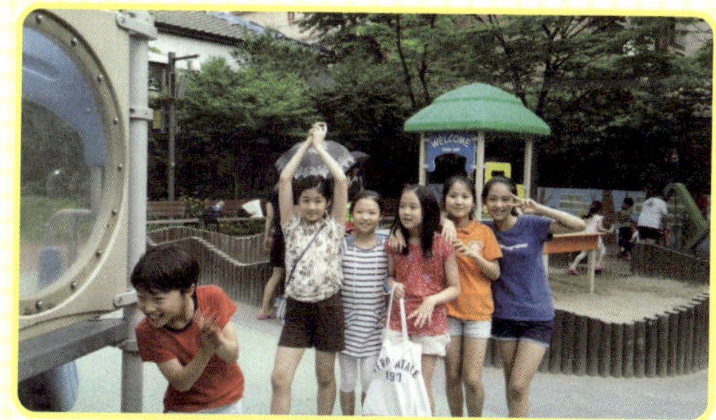

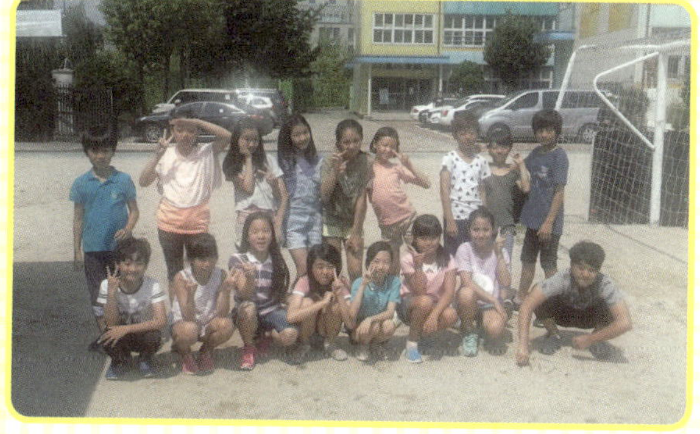

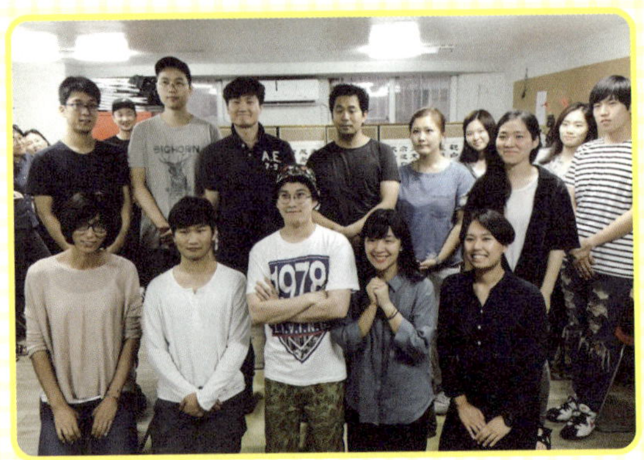

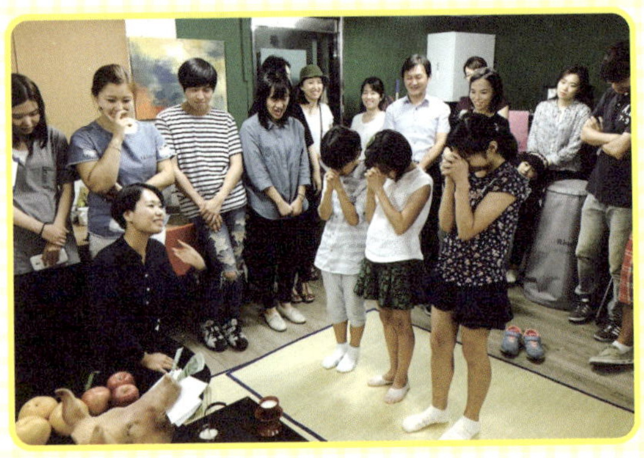

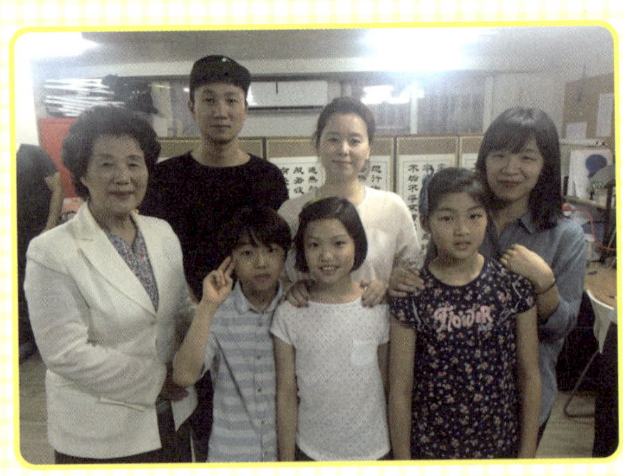

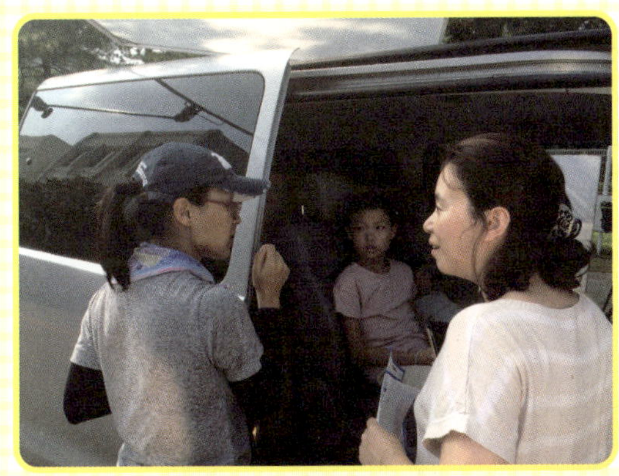

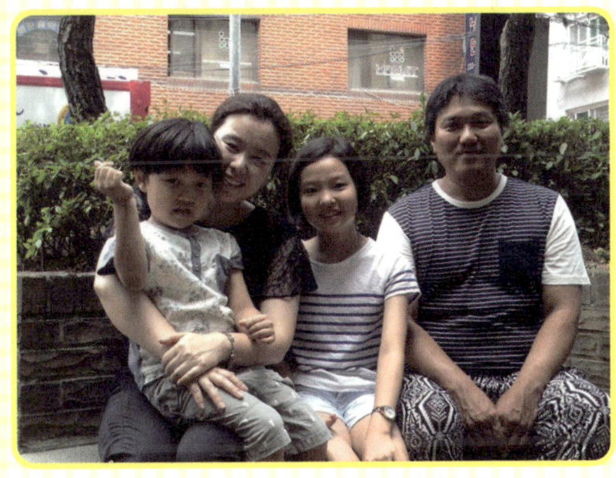

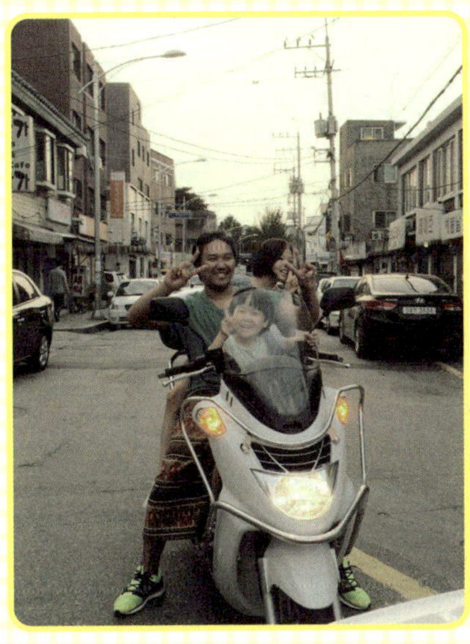

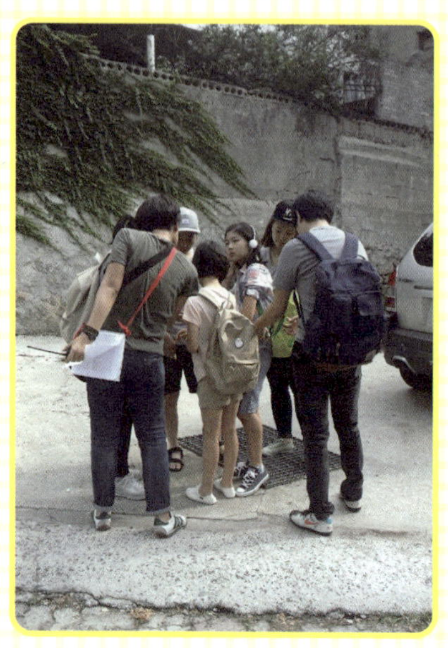

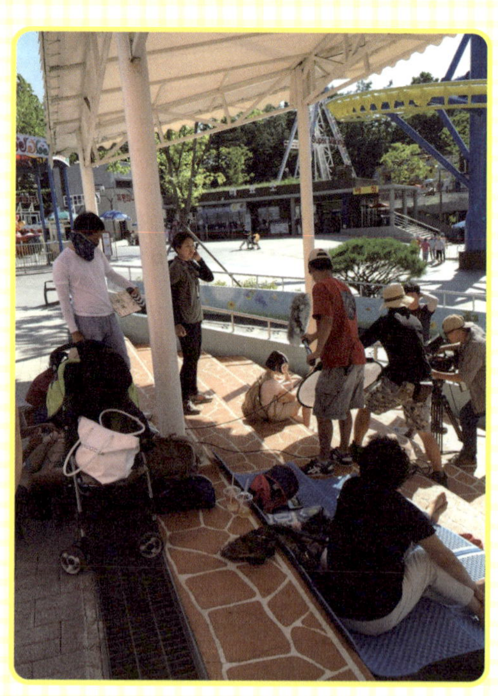

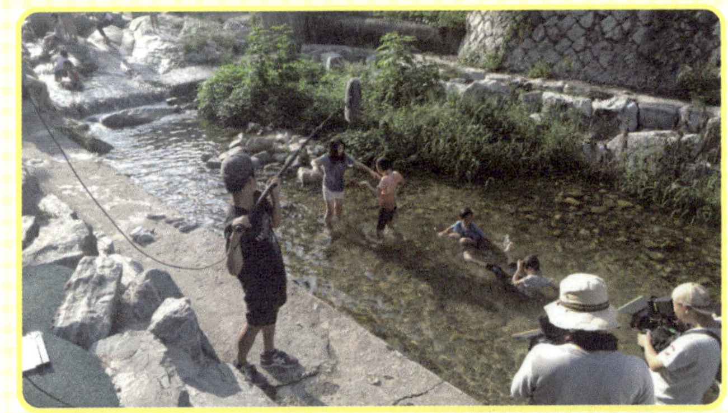

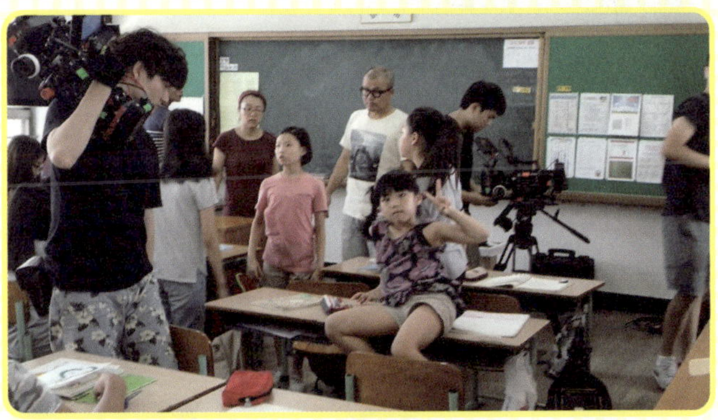

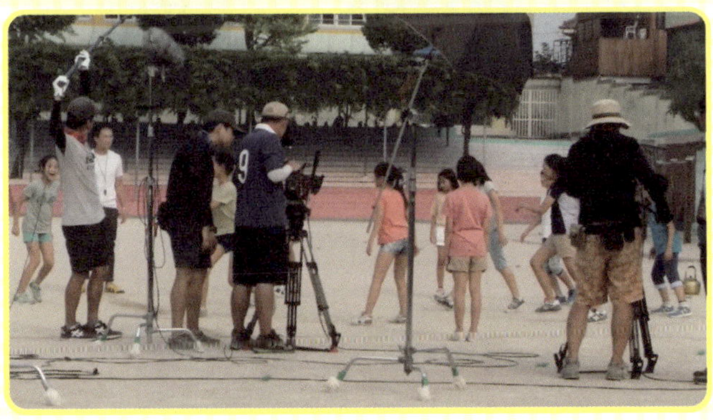

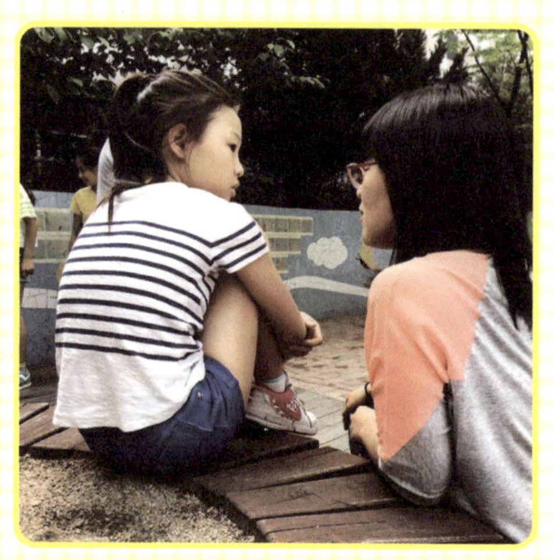

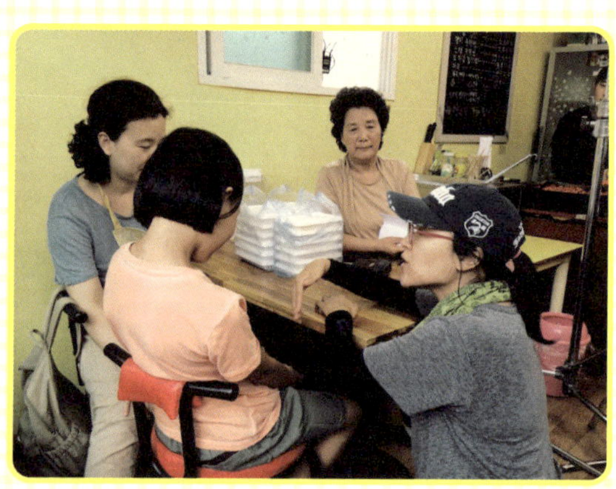

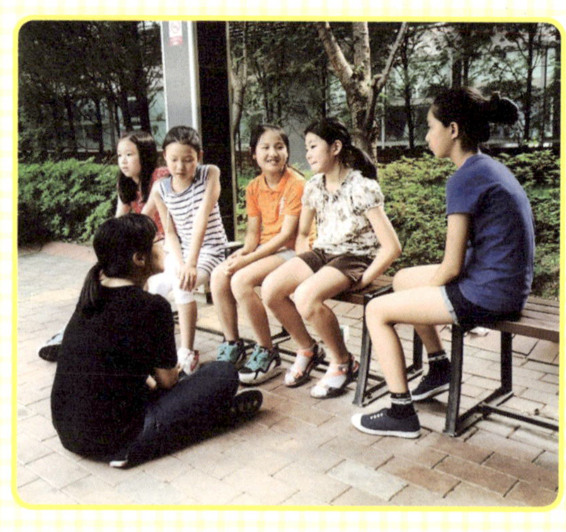

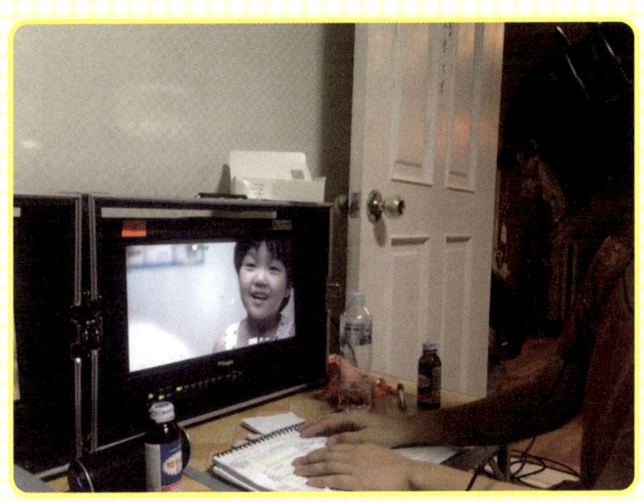

우리들, 세상

＊ 절대 배우가 아닌 보호자님께서만
읽어주시길 바랍니다.
배우가 읽을 경우, 함께 만들어갈
연기에 방해가 되어 어려움이
있습니다 ^^

시나리오, 연출 - 윤가은

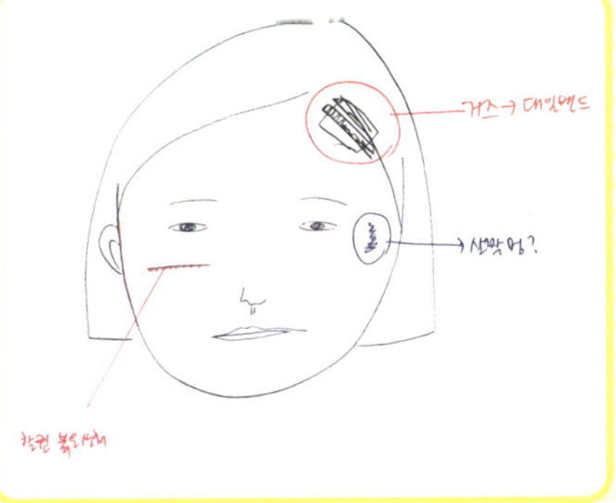

거즈 → 대일밴드
→ 상처 멍?
칼권 붙으셔서

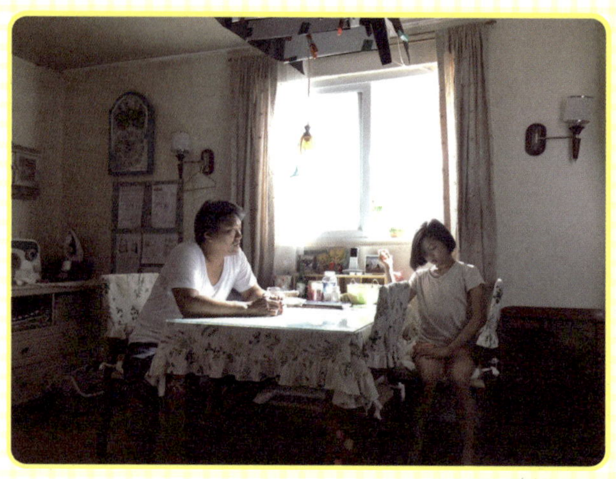

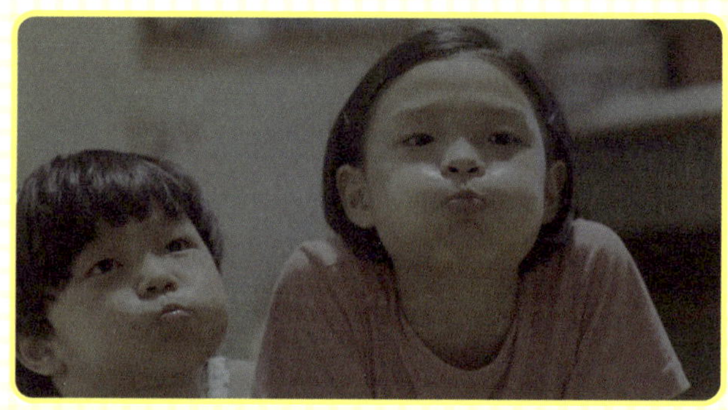

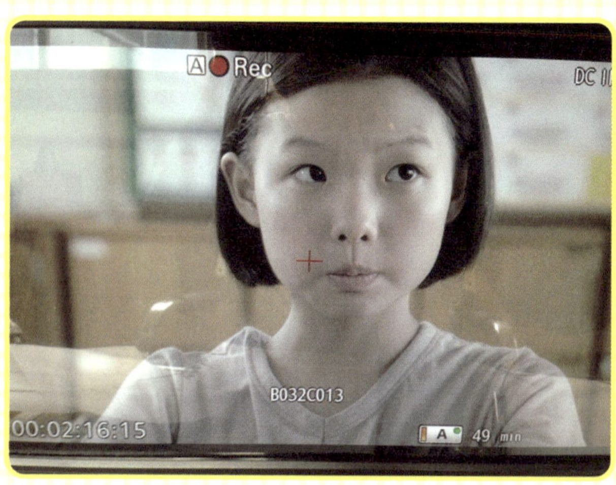
A Rec
DC
B032C013
00:02:16:15
A 49 min

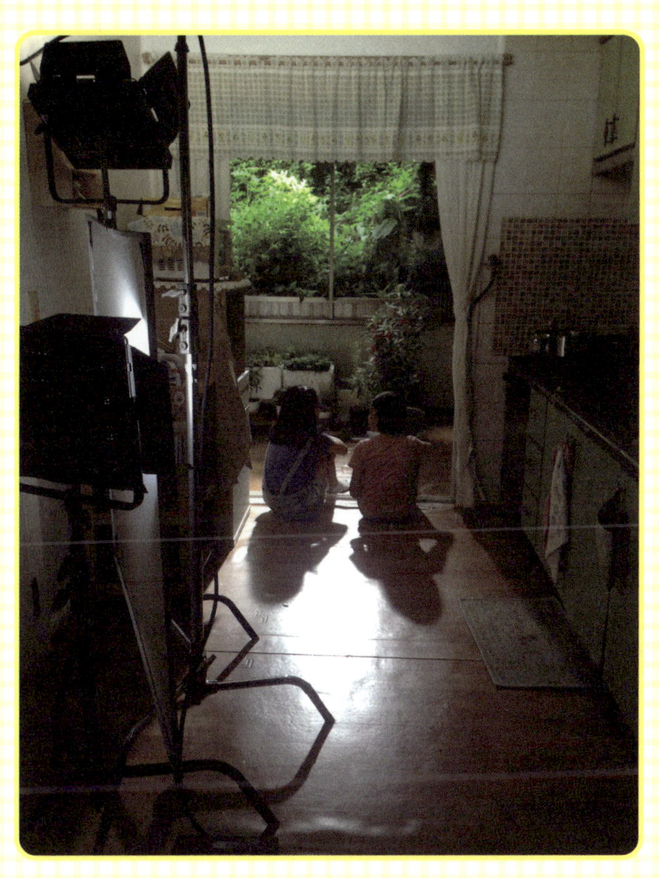

우리들: 윤가은 오리지널 각본

초판 1쇄 인쇄 2025년 7월 7일
초판 1쇄 발행 2025년 7월 21일

지은이 윤가은
펴낸이 김선식

부사장 김은영
콘텐츠사업2본부장 박현미
책임편집 곽수빈 **디자인** 이현진 **책임마케터** 권오권
콘텐츠사업6팀장 임경섭 **콘텐츠사업6팀** 정지혜, 곽수빈, 조용우, 이한민, 이현진
마케팅1팀 박태준, 권오권, 오서영, 문서희
미디어홍보본부장 정명찬 **브랜드홍보팀** 오수미, 서가을, 김은지, 이소영, 박장미, 박주현
채널홍보팀 김민정, 정세림, 고나연, 변승주, 홍수경
영상홍보팀 이수인, 염아라, 김혜원, 이지연
편집관리팀 조세현, 김호주, 백설희 **저작권팀** 성민경, 이슬, 윤제희
재무관리팀 하미선, 임혜정, 이슬기, 김주영, 오지수
인사총무팀 강미숙, 이정환, 김혜진, 황종원
제작관리팀 이소현, 김소영, 김진경, 이지우, 황인우
물류관리팀 김형기, 김선진, 주정훈, 양문현, 채원석, 박재연, 이준희, 이민운

펴낸곳 다산북스 **출판등록** 2005년 12월 23일 제313-2005-00277호
주소 경기도 파주시 회동길 490
전화 02-704-1724 **팩스** 02-703-2219
이메일 dasanbooks@dasanbooks.com
홈페이지 www.dasan.group **블로그** blog.naver.com/dasan_books
용지 스마일몬스터 **인쇄 및 제본** 한영문화사 **코팅 및 후가공** 평창피앤지

ISBN 979-11-306-6805-5 (03680)